今日のベリーグッド

しあわせを生む
小さな種

松浦弥太郎

JN211144

PHP文庫

はじめに

僕が見つけた、必ず花が咲くしあわせの種

しあわせというのは、お金を出して買うものでもないし、どこかにあるものをとってくるものでもない。ある日突然、どこかからぽろっと落ちてくるものでもありません。

自分で選んだ種を、自分で蒔《ま》いて、水をあげて、栄養もあげて、大切に育てていく。それではじめて花が咲く。しあわせとはそういうものだと僕は思っています。毎日毎日、「今日のベリーグッド（素敵なこと）」を育てていく感覚です。

僕が大好きな本に、リチャード・ブローティガンという詩人が書いた『Please Plant This Book』という本があります。一九六〇年代にアメリカで出版された希少な本のひとつで、「どうぞ、この本を植えてください」というタイトルどおり、

本物の植物の種が綴じ込んでありますｏ

本書に種は綴じ込んでいませんが、いくつかのヒントを実践するという「種蒔き」をしていただければ、確実にしあわせの花が咲くアイデアをたくさん詰めました。どの種を選ぶのかはあなたの自由です。

この本は、あなたらしいしあわせの花を咲かせるための種です。僕が見つけた「これこそ確実にしあわせという花が咲く種」というものを、お裾《すそ》わけするつもりでつくりました。

どうぞ、この本を、あなたの毎日の暮らしのどこかに植えてください。

松浦弥太郎

はじめに　僕が見つけた、必ず花が咲くしあわせの種

序章　心の庭をつくりましょう
「今日のベリーグッド」を育てる準備は、こんなことです
自分で育てた花で花束を　16
花の種を贈るということ　20
心の庭を手入れする　23
一歩踏み出すことから旅が始まる　26

第一章　あなたはもっと素敵になれる
一日ひとつでもいいから、小さなしあわせの種を蒔きましょう

いちばん大切なのは「待つこと」と「続けること」　30
「暮らし」という尊い仕事　36
自分のベーシックを見つける　39
家族そろって夕ごはん　43
すこやかな体、すこやかな心　46
身だしなみを整える　49
休みの日はきちんと過ごす　52
手を洗うこと　55
「考え」をくれる道具を選ぶこと　58
「ありがとう」で始まり、「ありがとう」で終える　62

第二章

毎日お水をあげて、ときどきは栄養もあげましょう

今日からイキイキできる特別な方法

自分らしさを育てていく　68
「新しい習慣」をつくる　73
素直という宝石　77
どんな人も嫌わない　81
「シンプル」という言葉に注意　84
いつも「今」とふれあう　89
こだわらない、とらわれない　94
雨がくれるもの　97
「解決」ではなく「対応」　102

第三章

あなたはどんな庭をつくりたいですか？

夢見ること、目標を持つこと

「願望」より「希望」 108
成功の反対は、「何もしない」こと 111
「即答」でチャンスをつかむ 115
人は人から学ぶもの 118
調べる前に、まずは自分で考える 123
花を咲かせる三つの秘訣 127
花には花、草には草のよさがある 131
嬉しいリンゴ、悲しいリンゴ 134

第四章
美しい庭のためにできること
頭を使うのではなく、心を使ってみませんか？
頭を使うか、心を使うか　138
「はじめての気持ち」を忘れない　142
皇后さまの白い菊　146
「してほしいこと」を探す　150
生かしあうこと　154
工夫とは愛情　157
体を使ってわかること　159
第五章
世の中がしあわせの花でいっぱいになるように
つながること、そして一歩踏み出すこと

しあわせとは人とつながること　164
しあわせのリレー　169
美しさのリレー　172
子どものように聞き、大人として話す　175
「贈り物」は手紙と笑顔　178
想像力と気遣い　181
インターネットとのつきあい方　185
しめくくりは「楽しかったね」　190
自分の庭を社会につなげる　193

おわりに　みなさんの庭にどんな花が咲いたのか、
僕に教えていただけませんか？

「解説」にかえて――松浦弥太郎様へのお手紙　小川 糸

序章

心の庭をつくりましょう

「今日のベリーグッド」を育てる準備は、こんなことです

自分で育てた花で花束を

ずいぶん長いこと、「プレゼントは花束がいい」と思っていました。相手が男性でも女性でも、花は気持ちを伝えてくれます。お祝いの気持ち、お見舞いの気持ち、あなたを大切に思っているという気持ち。カードを添えなくても、花束そのものがメッセージになってくれます。

僕はなんでもない日に、自分のための花を買うことがあります。たいていは白い花で、たっぷり買うわけでもありません。しかし、花の力というのはたいしたもので、たった一本でも心が和《やわ》らぎます。

日常的に花を贈るという人は、案外少ないようです。

理由はいろいろあると思いますが、いちばん大きな理由は「花束とは、特別で華やかなものだ」と考えているから。だからみんな、ためらってしまうのだと思います。

「あでやかなバラを、何十本もまとめた豪華な花束を贈ろう」と考えたら、たしかにそのとおりです。

しかし、誰がそんなことを決めたのでしょう？

家の庭の、日の当たらないところに自然と咲いていた、春のすみれを数本。

ベランダのプランターで育てたラベンダーを、ほんの少しお裾わけ。

小さな目立たない花の、ごく小さな花束でも心は伝わります。

素敵な花屋さんでつくってもらったブーケはすばらしいのですが、自分で見つけた花、自分で育てた花なら、相手にもっとたくさんのメッセージを伝えられるのではないでしょうか。

不思議なことに、僕たちはしあわせについても、花束と同じ勘違いをしているようです。しあわせは特別で、手が届かないものだと思ってしまうのです。

たとえば、大人になりたての若い人たちは、生きづらい時代だと実感しているからか、「夢が持てない」といいます。

「将来、しあわせになれるという安心感って、どこにあるのかな？」

「しあわせを夢見るなんて、無駄だ」

「何も考えたくない」

そんなふうに考えたり感じたりしているのかもしれません。だからある人は悩み続け、ある人は「なんとかなる。とりあえず生活していければいいや」と割り切ったり開き直ったりするのでしょう。

また、大人になってしばらくたった人たちは、「いろいろなことを夢見てきたけれど、現実は違う」といいます。

「しあわせになるなんて、いまさら遅い」

「きれいごとだけでは生きていけない」

そんなふうにも考えたり感じたりしているのかもしれません。だからある人は投げやりになり、ある人はあきらめ顔をごまかすことが上手になりすぎて、本当の自分を見失います。年齢という狭い檻《おり》に、自分で自分を閉じ込めてしまうこともあります。

しかし、僕は思うのです。しあわせは、たったひとつの大きなことではなくて、ささやかで小さなことの集まりではないかと。

しあわせを手に入れるとは、世界一美しい、伝説のバラの花を手に入れるような夢物語ではありません。自分で育てた小さい花を、ひとつひとつ束ねていくことではないでしょうか。

無理して、大きな花束を手にするのではなく、毎日毎日、小さな花を愛《いと》おしんでいく。それに感謝する。それがしあわせだと僕は思っているのです。

大きくなくていい。豪華でなくていい。誰でもよく知っている物事、身近でささやかなものこそ、しあわせという宝物だと、そろそろ気がついてもいい。そんな気がしてなりません。

＊あなたの手のひらには、すでにしあわせの種が握られています。

花の種を贈るということ

花束を贈る。それは励ましであったり、感謝の気持ちを伝えることであったりします。だから僕は、大切な人たちに花束を贈り続けてきました。

ところがこの数年で気持ちが変わり、こんなことに気がついたのです。花束よりももっと素敵な贈り物は、種を贈ることではないかと。

毎日、ささやかでいいからしあわせの種を蒔く。毎日水をやり、雨の日も太陽が照りつける日も世話をし、悪い虫が来たら守ってやり、栄養を与え、大切に育てて、小さな花をちゃんと咲かせる。その繰り返しで自分の庭が、少しずつ花で一杯になっていく。これが僕の思うしあわせです。ときどきは花を摘んで、家族や友だち、日々出会う人たちに贈りましょう。これもたいそう、しあわせなことです。

しかし、全部の花を摘んでしまわずに種になるまで育て、その種を大切な人に贈り、育ててもらう。これはより大きなしあわせですし、よりすばらしい贈り物です。

「種では一から育てなくてはいけないから、手間がかかるし相手に迷惑だ」

「花をあげたほうが見た目もきれいだし、すぐ相手に喜ばれるのではないか」

かつての僕は、こんなことも思っていました。しかし、大人になってしばらくたった今は、違う思いを抱いています。

「誰かにもらったとびきりすばらしい花束も、自分の手で種から育てた、自分の庭に咲く花には、絶対にかなわない」と。

大切な人に種を渡すとは、「あなたはちゃんと、自分の花を咲かせられる」という信頼のメッセージ。だからこの本は、僕からあなたへ贈る花の種です。

どうかあなた自身の庭に種を蒔き、あなただけのしあわせの花を、たくさん咲かせてください。あなたにはそれができるのですから。

花は育つ庭、育てる人で変わります。しあわせの種を蒔くと、小さい花、大きい花、中くらいの花、さまざまな色やかたちの花が咲くと思います。

その花を誰かに贈り、いくつかは種まで育てて、種を贈る。その種が別の人の庭でまた花開く。こうしたつながりが生まれると、身の回りが、いや、世界はきっと変わります。もっと素敵になるでしょう。

「花が咲いてよかった」と一人で喜ぶより、多くの人の庭に花が咲き、世界中が花で満ちていくほうがもっと嬉《うれ》しい。こんな想像をすると、自然と笑顔になれるのです。元気になれるのです。

＊自分がタンポポの綿毛のようになって、種を世界に届けましょう。

心の庭を手入れする

この本ではしあわせの種の育て方をお伝えしますが、とくに大切な二つのことを最初に書いておきます。この二つだけは、はっきりいい切りたいと思います。

第一に、「蒔いた種はいつか必ず花を咲かせる」ということ。

たとえばときどき、こんなことをいう人がいます。

「わたしはたいした仕事をしていない。特別な才能がない」

「わたしは家庭にいて、社会とのかかわりが薄いから何も生産していない」

だから花なんか咲かせられないし、種を蒔く庭もない——そうやって自分に蓋《ふた》をしてしまうのです。しかし、僕はまったくそういうふうには思っていません。

どんな仕事であっても、必要とされたその人の役割ですし、一人ひとりにかたちが違う才能があります。たとえば、お金という対価をもらわずに日々の営みに心を込める家庭の主婦の仕事は、いちばん尊い仕事だと思います。

そしてなにより、誰の心にも、ちゃんとした庭が必ずあります。ある人は広大なボタニカルガーデン、ある人はかわいらしい庭、ある人はプランター、ある人は植木鉢という違いがあっても、その意味と価値は変わりません。

また、大きさは日々変わるもので、昨日まで植木鉢を楽しんでいた人が庭園の主になることもあり、その逆もあるのです。どちらがいい、悪いということではありません。大きさは問題ではないのです。

肝心なのは、自分の庭を荒れ地にしていないかということ。誰も足を踏み入れず、放置したままでは、どんな大きな庭でも藪《やぶ》に隠れて見えなくなってしまいます。からからにひからびた鉢をベランダにころがしていたら、あなたの心まで乾いていきます。

しかし、「これが自分の庭だ」とかわいがり、手入れをし、耕せば、誰の心にも美しい庭ができます。庭があれば種を蒔ける。種を蒔けば、花が咲かないはずはないのです。

第二にお伝えしたいのは、「種を蒔くのもあなた、種を育てるのもあなた、水を撒《ま》くのもあなた」ということ。

僕はこの本で種をお渡ししますが、教えを授けるつもりなど、毛頭ありません。読んでくれたあなたが、自分でいくつかのヒントを実行する。それがなにより大切な、種を蒔くという行為です。途中で不安になるようであれば、僕の経験から「必ず花は咲く」というアドバイスを何度でもお伝えし、励ましたいと思っています。

「蒔いたはいいけれど、芽が出ない、花が咲かない」という心配は、全部取り除いてあげたい。だから種を蒔き、育てる勇気を持ってほしいと思います。

＊しあわせの花が咲きほこる庭の主人になりましょう。

一歩踏み出すことから旅が始まる

僕がつねづね思うのは、人はいつでも、いくつになっても、生き方や暮らし方を変えられるということ。変化によって、成長できるということ。

そしていつ変わるかは、「変わる」と決めたそのときです。


今のあなたが何歳であっても、いったん年齢を忘れてしまいましょう。

なぜなら年齢とは、ときとして「守りの気持ち」を強くしすぎるものだから。

「〇〇歳らしく、落ち着いて過ごさなければ」

こんなふうに、年齢を重ねることで保守的になることもあります。

「わたしは〇〇歳だから、そんなことをしても仕方ない」

年を理由に、否定的になることもあります。

「長年こうしてきたのだから、このやり方がいちばんいい」

積み重ねた年月で、自己保存の気持ちにとらわれることもあります。

しかし年齢は、すべてを決める基準ではありません。

素直に物事を受け入れる心持ちさえあれば、あなたが今いくつでも、少年少女のように、いいえ、赤ちゃんのように、すくすくと成長できます。

こだわりを捨てた、まっさらになった素《す》の自分を、一から素敵に育てるのです。心持ちを変えることで自分が変わり、成長し、もっと素敵になる。それに勝る楽しいことはないと僕は感じます。

年齢を重ねた素敵な人と接していると、たいてい「明日になれば、また新しい自分に変わっていますよ」というくらい、自由な柔軟性があると気づきます。

さあ、庭仕事に取りかかりましょう。

「この髪型がわたしらしい」という髪型は忘れて、きりりとひとつに束ね、「もう年だから、素顔で外に出られない」という人も石鹸でごしごし顔を洗って、まっさらな赤ちゃんのようになりましょう。

今一度、自分の心の庭と向きあってみましょう。

「小さな一歩。その一歩から旅が始まる」

これは僕が大好きな言葉です。一歩を踏み出す勇気を大切にしましょう。

＊「新しい自分」に、いつでも変わることができるのです。

第一章

あなたはもっと素敵になれる

一日ひとつでもいいから、小さなしあわせの種を蒔きましょう

いちばん大切なのは「待つこと」と「続けること」

種蒔きとは待つこと。

水栽培でも土のものでも、ヒヤシンスが好きです。すくすく育つし、伸び伸びしている。そんなところに、たまらなく惹かれます。何色の花が咲くか、わからないまま育てるのも嬉しくなります。花開いた香りも、さわやかでかぐわしくて……。

ところが、しあわせの種を毎日蒔くことは、ヒヤシンスの育て方とは少し違います。

なぜなら、どんな職業だろうと、どんな役割だろうと、仕事や生活は同じことの繰り返しです。単調で、ありきたりで、何ひとつ前進していないように思えます。ヒヤシンスの根や芽のように、目に見えてすくすく育つこともありません。

だからこそ、知っておきたいのです。

「種を蒔いても、すぐには変わらない」ということを。それを知らないと、「いくら種を蒔いても芽が出ない」と、種蒔き自体が途中で嫌になってしまいます。

同じことの繰り返しは退屈だし、こつこつ日々を積み重ねていくのは苦しいものです。すぐに目に見える変化がなければ余計そうです。だから僕たちは何かしらの刺激（不規則な生活をしてみたり、習慣を変えてみたり、転職をしてみたり）を加えることで変化を期待し、気持ちを満たそうとしてしまいます。

しかし、刺激を加えて変わったと思えるのは一時的なこと。たとえば、「今の会社ではなんの変化もないし、成長も望めない」と考え、違う会社に転職しても、あなたが変わっていなければ、違う舞台に立っても、ふたたび同じ物語が始まるだけです。

「こんな人とつきあっていても何も変わらない」と次々に友だちや恋人を変えても、あなたが変わっていなければ、登場人物が違うだけで、ふたたび同じ物語が繰り返されます。

外側の変化で刺激を求めたくなる気持ちをぐっとこらえて、「大切なことはルーティンにある」という事実を学びとることです。日々のルーティンが木の幹で、変化は枝葉にすぎないのですから。

種を蒔いて自分の庭を育てるとは、辛抱強く我慢をして、同じ毎日を淡々と続けること。ゆっくりでもいいから続けていれば、その日々は掛け算になって必ず結果にあらわれます。途中でやめたり、始めたりの繰り返しは足し算にしかなりません。言葉を換えれば、あれこれしなくても、日々の営みを淡々と続けるだけで、種は蒔かれ、育《はぐく》まれ、いつか花が咲くのだと思います。

「赤い花を咲かせるためにこの種を蒔こう」と意図するのではなく、ただひたすらいろいろな種を蒔き、ただひたすら水を与え続けることによって、自然と育っていく。結果に期待するのではなく、続けることにいつしか喜びを抱きはじめた頃、あるとき一斉に花が咲くということに、僕は最近気がつきました。

これまでの自分を振り返ると、意識的に目標を持ってやってきたこともたくさんありますが、全体から見ればそれらはごくわずかです。僕の人生の大部分は、自分に与えられた環境の中で、自分に与えられた仕事を、大きな出来事もなく淡々と、こつこつと続けてきた結果です。「カウブックス」の仕事も、『暮しの手帖』の仕事も、執筆の仕事も、いろいろな出会いの末、与えられた環境の中で、与えられた仕事です。どれも単調といえば単調ですし、実情はごく地味なものです。

同じ時間に朝起きて、同じ時間にごはんを食べ、同じ時間に仕事をして、同じ時間に家に帰ってくる日々の繰り返し。「今日はこんなことを成し遂げた！」という手応えなどそうそうありません。結果が出そうで出ないことがほとんどです。

もちろん、楽しくなかったら続けることはできません。だから、どうしたら楽しめるだろうかという工夫は必要です。といっても、やっぱり、単調な日々を長く続けていると、不安になります。

「本当にこれでいいのだろうか」

「このまま自分は終わってしまうんじゃないか」

しかし、黙々と文章を書き続けて二十年たち、淡々と「カウブックス」の仕事を続けて十五年たち、編集の仕事を続けて十五年以上たつと気がつくのです。

「ただ続けているだけだったけれど、いつしか僕の庭にはいくつか花が咲いている。しかも、自分が蒔いたつもりもない花もたくさん咲いている。とてもきれい」と。

おまけに、僕の種が風に運ばれて、誰かの心の庭で花を咲かせている、そんな思いがけないしあわせがあることも知るようになりました。

結果が出る、出ないは人それぞれです。どんな花が咲くかも人それぞれです。確実にいえるのは、何もしなければ種は蒔かれないけれど、ささやかなことでも淡々と続けていれば、種は蒔かれるし、育っていくということです。

「すごいことなんて何もしていない。夢も目標もない」

あなたはもしかしたら、そんなふうに感じているかもしれません。しかし、「自分は何もしていない」という人でも、毎日を暮らしている以上、何かしらしているはずです。地味で、目立たなくて、退屈で、変化もないような日々という名の種かもしれませんが、あなたが日々をていねいに生きているだけで、すくすくと育っていきます。そこからはあなたが知らない花が咲きます。

気がつかないだけで、芽は毎日出ています。あなたは少しくたびれていたり、自信がなかったりして、庭を見る余裕がないだけかもしれません。

続けるということは、それだけですばらしい種蒔きです。

＊日々という名の種を育てる庭師になりましょう。

「暮らし」という尊い仕事

道元の『典座教訓《てんぞきようくん》・赴粥飯法《ふしゆくはんぽう》』（講談社学術文庫）は、僕の愛読書であり、座右の書でもあります。

鎌倉時代に生まれた道元は中国に渡って仏教を学び、禅宗のひとつである曹洞宗《そうとう》の開祖となりました。「典座」とは禅の修行のうち、食事をつくる修行をさします。どのような心構えで食事をつくればよいか、食器はどのように清めて片づけるか、それらをどのような心持ちで行うべきかが、簡潔かつ具体的に書かれています。

典座とは〈昔から、悟りを求める深い心をおこした人達だけが、いつも役にあてられてきた職である〉と同書の現代語訳にはあり、僕はそれを読んではっとしました。

外に出かけていってお金を稼ぐ、人に対して何かをしてお金を稼ぐ、人の役に立つ何かをつくる。僕たちの仕事にはいろいろありますが、その中でもいちばん尊い仕事はいわゆる家事だということだからです。

「暮らし」という尊い仕事をおろそかにしては、どんな仕事も成り立たない。これだけは間違えてはいけないと、僕たちはみな、自分に念をおすべきでしょう。

トイレ掃除をする、洗い物をする、ごはんをつくる。偉くなればなるほど人が面倒がったり嫌がったりするような仕事を大切にする。それもひとつの種蒔きなのだと感じます。

〈「眼睛《がんぜい》なる常住物を護惜《ごしゃく》せよ」〉

つまり、「食材を人の目を扱うように大切にしなさい、日常の中で使う品物こそ重要なのだからていねいに扱いなさい」という教えもこの本には書かれており、はっとしました。あたりまえにあるようなものこそ、なによりもいちばん大切にし、ていねいに行うということを、はるか昔の高僧に教えていただいたような気がしたのです。

料理、掃除、洗濯。家族の世話、ゴミを出すこと。まず自分の生活の場で必要な仕事を、深い感謝の気持ちを持って行うことによって、はじめてさまざまな仕事が成り立っているのです。

「外で働いているのだから、家のことはどうでもいい」
「お金にならないのだから、家事なんか効率よく手を抜こう」

こうした考えは、なくしたいものです。

お金が発生する勤めという仕事も大切です。しかし、誰も見ていない、しかもお金が発生しない務めも仕事のひとつです。人が注目してくれること、結果が出ることだけに一生懸命になってしまうと、どんどん心の庭がやせていってしまいます。心の庭の土を栄養豊かなものにするためにも、「暮らし」という仕事を大切にしましょう。

＊「勤めること」と「務めること」。両方の「働き」を大切に。

自分のベーシックを見つける

暮らしでも、仕事でも、人とのつきあいでも、肝心なのは自分にとってのベーシックを持つことではないかと思います。暮らしの中で何を大切にしているか、日々の仕事で基本となるのは何か。あなたにもきっとあなたらしいベーシックがあるでしょう。

「やることリスト」や「今月の目標」と違って、あたりまえすぎるので、「そんなの、すでにわかっている」と、改めて意識していないかもしれません。だからこそ、自分にとって嬉しいこと、大事にしたいこと、守りたいことなど、ペンを持って紙に書き出してみましょう。

ささやかなことでいいのです。「家族とごはんを食べる」でもいいし、「毎日ひとつはじめての気持ちを持つ」でもいい。「仕事場のデスクを片づけてから帰宅する」でも構いません。単純なことでも「自分にはこれが大事だ」と思っていることを、言語化してみます。なんとなくぼんやり持っているのではなく、はっきりさせることで、新たな発見がきっとあるはず。書くことはとても大事です。ノートでも手帳でも、なんでもいいからあなたのベーシックを書き出しましょう。

僕もそんなメモを書いており、たとえばこんなものがあります。

「野菜やタマゴなどの食材、生活道具、洋服や植物、身の回りのもの、どんなものでも、親が赤ん坊に接するのと同じように扱うこと」

これは先ほど紹介した道元の教えのアレンジです。改めて読み返すと、ていねいな暮らしとはこういう心持ちが築いていくものだと再認識できます。

また、「心地よく暮らしていくためにはどうしたらいいんだろう」と考えた末に書いた最近の僕の「基本の七カ条」はこんなことです。

一、天気のいい日は景色のいいところに散歩に行く

これは平凡なようでとても大切な、自然とふれあうということです。

二、美しい詩や文章を読む

三、美しい音楽を聴く

本を読んだり音楽を聴いたりという文化的なことは、自分の成長にとても役立ちます。たっぷりと養分をいただけます。

四、人に親切に尽くす

これは僕の生きるお守り、「正直・親切」につながります。人に対して一生懸命になることを大事にしたいと感じています。

五、家の中をきちんと整理して清潔にする

メモでは「家の中」としていますが、仕事場でも同じです。自分が多くの時間を過ごす場を、きちんと整え、清潔にしていないと何も生み出せないし、毎日を続けていけないのではないでしょうか。

六、できるだけ健康を保つ

健康の基本は早寝早起き、食べすぎないこと。これも日々、心がけています。

七、趣味を楽しむ

心をくつろがせ、豊かにするには趣味を持つことだと思います。趣味を持てば、興味や好奇心を育てることができます。今の趣味はギターを弾くことです。

このように自分らしい自分の哲学、すなわちベーシックを知り、日々きちんと実行することで、窓ガラスを磨くように日常生活を手入れする。ささやかではありますが、こういった行いは確実に育つ種だと思います。ベーシックを更新しつつ磨いていけば、いずれは生きていくためのお守り、宝物となっていきます。

＊あなたの「七つのベーシック」を書き出してみましょう。

家族そろって夕ごはん

家族と先祖を大切にすること。これも毎日をよくするために、僕が大切にしていることであり、未来のための種蒔きです。

「素敵な生き方をしているな、この人から学びたいな」

僕のメンターとなってくれている人生の先輩たちにお話を伺うと、みなさん決まって、お墓参りにはまめに行っているとわかります。命というのはまさに種蒔きで、種である先祖がいなければ、僕たちは今、ここにいません。なんと不思議ですばらしいつながりでしょう。

「先祖が積んでくれた徳のおかげで自分が生かされている」

そんな感謝の念を大切にしたいです。

僕もメンターにならって、年に四回はお墓参りをし、自分という存在への感謝も含め、仏壇には毎日手を合わせています。そういうことをせずに、すこやかな種を育てるのは、なかなか難しいのではないでしょうか。

家族を大事にするのも、同じくらい大事なことだと学びました。僕の場合は、何があろうと毎日夜の七時に家族そろって夕食を食べるという習慣が宝物です。仕事より、趣味より、つきあいよりも大切な家族の夕ごはん。暮らしや仕事すべてがそこを基準にまわっています。

「七時に夕食をとるために、仕事は何時に始めて、何時に終えるか。そのために夜は何時に寝れば朝、何時に起きられるか」

家族全員で七時に夕食をとるためには、会社を午後五時半に出なければなりません。そのためには早めに仕事を始め、効率よく進めるのが大切です。

ほかの何が変わっても、夕食の習慣だけは「絶対に変わらない」という基準になっているのですが、結果としていろんな意味で、うまく種が蒔かれています。たとえば、限られた時間で集中するので仕事もうまくいくし、家族という土台となる人間関係を大切にしていれば、そのほかの人間関係もよくなります。

たとえば、よい会社を見極めるのによくいわれることですが、業績が地味であっても、社員を大切にしている会社は、顧客も大切にし、結果、安定しているといわれるのと同じことです。

僕だって夫婦喧嘩もするし、家の中でトラブルも起きます。娘にしても妻にしても「口もききたくない」というときだってあるでしょう。

それでも必ず、お墓参りに行く。毎日、仏壇に手を合わせる。七時に家族全員でごはんを食べる。一言もしゃべらなくてもいいから、一緒にお箸をとる。すると「家族がいちばん大事」というメッセージを共有できるのです。

＊一日の終わりに、しあわせの種を家族で交換しましょう。

すこやかな体、すこやかな心

自分がいつも、すこやかであること。これほど大事で、すばらしいことはありません。すこやか、すなわち元気であることは、大切な自分のベーシックを支え、その力となる土台であると思っています。

すこやかというのは、単に健康だという意味ではありません。持病がある人もいます。生まれたときから障害のある人もいます。また、僕くらいの年齢になってくると、あれこれ不具合も出てきます。

二十歳の頃の僕は今よりもはるかにすこやかでした。五十二歳の今、同じ状態になろうとしても無理な話です。しかし、五十二歳なりのすこやかさを保つことなら、十分に可能なのです。

ですから、「その人なりの健康」というものは必ずあり、今の自分なりのベストを保つのがすこやかであるということです。「体重が何キロ、体脂肪が、血圧が」などと数字にとらわれ、振り回されるのは、いかがなものかと感じます。

目安にするのは構わないと思いますが、「数値が○○だから、すこやかではいられない」「自分は○○が悪いから、すこやかなんて無理」とあきらめてしまうのは、ちょっと違うと思うのです。

「すこやかである」というのは気の持ちようです。

体というのは、いつも心の状態を反映しています。その意味で、病気を抱えていても、数値的にどこかが悪くても、年齢を重ねていても、気持ちがすこやかであれば、体もすこやかでいられるのではないでしょうか。

そのためには、自分に水をかけてあげるように、いたわること。

「成長するはずはない」とあきらめないこと。

心の庭に種を蒔けば、ちゃんと芽が出ると信じること。

からからに乾いてしまいそうでも、水をかけて世話をしてやれば、すくすく伸びて葉っぱが出てきます。やがてつぼみも出てくるでしょう。弱っていても、いたわれば回復するでしょう。

自分の「命の力」を信じて、自分という花に、常に水をあげて育てている人が、すこやかな心を持ち、すこやかな体を持てるのではないでしょうか。

もしもあなたが「このままきっと枯れていくだけだ」と思ってしまえば、元気に育つはずの新しい種も、芽吹く前にひからびてしまうでしょう。

また、生きていくうえでとても大切なことのひとつに直感があります。重要な決断をするときには、知識や理屈に基づいた答えではなく、直感に導かれた答えに従うとうまくいきます。そんな直感はすこやかな体と心に宿ります。直感を働かせるためにも、自分の体と心を過信せず、いたわりましょう。

＊早寝早起きと規則正しい暮らしは「すこやかさの貯金」となります。

身だしなみを整える

僕は身だしなみをとても大切にしています。

身だしなみというと、「服装のことでしょう」と、とらえる人も多いと思いますが、服だけではなく、自分の見た目すべてです。

たとえば顔色、髪型、指先、立ち方、歩き方、座り方といった姿勢。まずはそういう「素の自分」の身だしなみを点検し、ていねいに整えておく。それから何を着るか、どう飾るかを整えて、トータルの身だしなみが完成するということです。

男性でも女性でも、身だしなみを整えることは怠ってはならない務めです。ちょっと頑張って、自分が見苦しくないよう、見る人にとってさわやかでいられるように整えると、いろいろな福が寄ってきます。

時折、人間としてはすばらしくて能力もあるのに、身だしなみがよくない人を見かけます。昔の日本人は「見かけより中身が大切なのだ」という気持ちがあったためかもしれませんが、残念なことです。

最近では、ノーベル賞をとった山中伸弥教授の美しい身だしなみにいたく感動しました。山中伸弥教授のように、すばらしい才能があるうえに身だしなみが整った人を見ると、「すばらしいな。ますます活躍するだろうな。自分も見習おう」と感心します。才能と社会を結びつけて広げてくれる、身だしなみにはそんな働きがあるのではないでしょうか。

すこやかな体と心が、身だしなみのカギを握ります。よいものを控えめにおいしくいただき、早寝早起きをし、笑顔を忘れず、力を抜いて無理をしなければ、顔色もイキイキします。

髪型や指先を清潔に保つには、小さな気くばりを欠かさないことです。汗の臭いがしないか注意し、髪が伸びていたら切ったりまとめたりする。こまめに手を洗い、爪を切るだけでもずいぶん違います。

服装というのは、気を許すとカジュアルになりがちです。年をとればとるほど、ラクなほうにラクなほうに流れていきます。僕は、だからこそこれからいっそう、しゃんとした服装を保ちたいと考えています。

「松浦さんの考えるおしゃれってなんですか？」

ある人にこう聞かれたとき、僕は「清潔感と、体のサイズに合った服を着ること」と答えました。

「面倒くさいから」とか「もう年だから」といいわけをするのではなく、年齢ごとにいっそう身だしなみを整える。そうすれば、自分自身も心地よく過ごせます。

＊いつ誰に誘われても会いに行けるよう、「自分の手入れ」を忘れずに。

休みの日はきちんと過ごす

人が見ていないときほど、何かしら自分の中に、律するものを持って過ごしたい。人が見ていないときの自分がどう過ごしているかが、仕事や生活の輝きに表れてくるのではないでしょうか。

たとえば、休日の過ごし方。もちろん体を休める日ですから、緊張して頑張る必要はありませんが、ずっとだらけているというのは、いかがなものでしょう。

たとえば、家族がいない日のランチ。お店で買って来たおそうざいをお皿に移さずに食べるというのは、素敵とはいえません。

誰もいないから紙くずを道に落として平気でいる、誰もいないからお風呂場でつばを吐く、誰も見ていないから空き缶用のゴミ箱にペットボトルを捨てる。どれも美しいとはいえないふるまいです。

人が見ていたらやらないことは、人が見ていないところでもやらない。そう決めるのは、ひとつの指針になるでしょう。それだって自分のベーシックになります。

僕はなにも、「いつも人の目を意識しろ」といいたいわけではありません。休日なのだからのんびりしてもいいし、くつろぎながら楽しんでもいい。しかし、リラックスしながらも、あまりにも恥ずかしいことはしない。この心持ちがあるのとないのとでは、これからの日々が違ってきます。

普段の日は、会社やつきあいなどで自分が拘束されていますし、管理もされています。休みの日は、誰にも縛られず、管理もされていません。だからぐうたらするのではなく、自分で自分を管理する。

極論をいえば、休みの日こそ真面目に過ごそうではありませんか。きちんと過ごすというのは、ときとしてだらだら過ごすよりも、体や心を癒やし、快適なのだということに、あなたもきっと気がつくはずです。

「誰も見ていない」という意味で、家族の前では気を許して、だらしなくなってしまう人もいます。それを見て「もっと素敵な旦那さんになって」と不満をいい続けたところで、そうはならないと思うのです。

自分のパートナーに素敵になってほしいのなら、まずは自分が相手にとって素敵なパートナーになる。方法はそれしかありません。お互いがその努力をすれば、家の中は心地よい空間に変わっていきます。

＊休日用の服も、背筋を伸ばして着こなしましょう。

手を洗うこと

僕がつねづね心がけていることで、「ああ、これはみなさんにおすすめしたいな」と思う、しあわせの種があります。

すごく簡単で誰でもできることだけれど、確実に気持ちが変わります。一日にメリハリがつき、心がすっきりします。

それは手を洗うこと。

なにも潔癖症になれというのではありません。外出後や食事前、汚れたときに洗うほかに、何か作業をしていてひとつのことが終わるたびに、手を洗うという習慣です。

たとえば「午前中はメールの返信をする」と決めたなら、打ち終わったときに手を洗います。もちろん手は汚れてなどいませんが、流れる水にふれ、いったん手をきれいにしてから、次の仕事に取りかかるというイメージ。

手を洗うと気持ちも切り替わるし、自分の心がリセットされます。なにより、「ひとつひとつのことに、新しいきれいな手で取り組む」という心がけになります。また、自分の手を慈《いつく》しみ、いつも清潔にしておくということにつながります。

家でもカフェでも会社でも、席を立ち、ちょっと手を洗うだけならば、さほど時間もかかりませんし、面倒くさいということもないでしょう。まめに洗うので、荒れてしまうのを防ぐために石鹼は使わず、水だけでさらさらと洗うようにしています。

ちょっと嫌なことがあったり、理由もなく気持ちがざわざわと落ち着かなかったり、なんだかいらいらしたり。そんなときも、流れる水で手を洗うと、とにかくすっきりするのです。

「水に流す」という言葉がありますが、わだかまりが指先を伝って洗い流されていく感覚です。ちょっと長めに手を洗うと、だいたい収まります。

それでもなかなか気持ちが変わらないときは、口をゆすぐことをおすすめします。水を口に含んでそっと吐き出す。この単純な繰り返しが、不安やイライラを直してくれるのですから、ぜひ試していただきたいと思います。

＊小さなイライラは、こまめに水に流しましょう。

「考え」をくれる道具を選ぶこと

自分の部屋にいるときの僕の定位置は、「ジョージ ナカシマ」のラウンジアームチェアー。二十世紀の初め、アメリカで生まれた日本人家具作家が生み出した椅子です。

シンプルな木工芸品のようにも見えるし、片側だけについている幅の広い肘掛けにカップをおいて、お茶を飲むこともできます。

デザインも座り心地も好きなのですが、なにより気に入っているのはそこに座っていると、「本当に豊かな生活ってなんだろう?」という物思いにいざなってくれること。

愛用品としては小鹿田焼《おんたやき》の湯飲みもありますが、これも毎日使うたびに、「本当の豊かさってなんだろう?」と問いかけてくれるような品です。小鹿田焼は古くから日本に伝わる工芸品ではありますが、多くの人が気軽に使うことのできる量産品でもあります。高価なものでもないし、大げさなデザインでもないし、最先端のものでもありません。けれど、ていねいにつくられたその湯飲みは、自宅でゆっくりお茶を飲むときの、僕の気持ちにちょうどよいものでした。

「ものを選ぶ」とき、よそいきのもの、特別なもの、贅沢なものは慎重に吟味しても、日常使いのものはとくに気を遣わず、ありあわせですます人もいます。

しかし、普段使いであり、それ自体が贅沢品ではないものこそ、気に入ったものを使いたいと僕は思います。できれば、それ自体が「生活」や「暮らし」について考えるきっかけをつくってくれる、そんなものを選び、僕は毎日つきあいたいのです。

「この椅子がすごく好きで、毎日使っている。なぜこの椅子が好きなのかな?」と、使うたびに思いを巡らしたいのです。

椅子も湯飲みも、どんなものでも飾っておくのではなく、生活をともにする「道具」です。一緒に暮らしていく道具は、ある意味で家族であり、パートナーではないでしょうか。

道具をきっかけに「いい生活、いい暮らしってどういうものなんだろう」と折にふれて考えたり感じたりすれば、少しずついい生活、いい暮らしのかたちが見えてくるかもしれません。答えはまだ見つかりませんが、道具から伝わる「本当の豊かさってなんだろう?」という問いかけを、日々考える行為自体が、豊かなことかなと思ってもみるのです。

＊あなたに何かを問いかけてくれる、日々の道具を選びましょう。

「ありがとう」で始まり、「ありがとう」で終える

一日一日を、大切なしあわせの種を蒔くように送りたい。それにはやはり、ていねいな暮らしをするのがいちばんだと思うのです。

毎日、寝る前にしている僕の習慣は、眠りにつく前にベッドに腰掛け、しずかに感謝を捧げること。友だち、家族、会社の同僚、仕事でおつきあいのある人たち、自分のまわりにある自然に対して……。とにかく自分以外のものすべてに対して「今日一日ありがとう」という気持ちをいのります。手を合わせて声に出し、「今日も一日ありがとうございます」とお礼をいうのです。

これは宗教的な行為ではなく、ごく個人的な習慣です。「やりなさい」と誰かに

強制されたものでもなく、ルールというわけでもありません。自然とそういう気持ちがわいてきて、気がつけば毎日の習慣となっていました。旅先であろうと疲れていようと、寝る前にはこんなふうに必ず感謝することが、自分の中のスタンダードになっているのです。

毎日、嬉しいことも悲しいことも、たくさんあります。つらくて涙した日もあるし、たまらなく悔しい日もあるのです。それでもすべては、夜寝る前の「今日も一日ありがとうございます」で帳消しになります。

人は常に外の世界の影響を受けています。嫌なことをされても、嬉しいことをされても、心はゆらぎます。そのままでは迷子になってしまうから、一日一日リセットして、「いちばんの自分らしさ」に立ち戻りたい。僕にとってそのためのボタンが「ありがとう」と言葉にして感謝を捧げること。そうやって自分に立ち戻る儀式のようなものが、僕の心、仕事、暮らし、すべてを支えています。

この習慣を身につけてから、仮に人から石をぶつけられたとしても、「ありがとう」と感謝すれば自分に立ち戻れる、そう思えるようになりました。

感謝すべきことはたくさんあります。呼吸ができることもありがとう。手が動くこともありがとう。水を飲めることもありがとう。トイレで用を足すこともありがとう。「自分というものを意識できる」ということが、いちばんありがたいことだとも思います。感謝の気持ちは本当にかけがえのない、計りようがないものです。「ありがとう」はもっとも大事な僕のスタンダードであり、これからも一生抱いていくお守りです。

もうひとつ、僕が最近心がけているのは「ありがとう」に、もう一言付け加えること。たとえばおいしい食事だったら、どんなふうにおいしかったかを、嬉しかったら、どんなふうに嬉しかったのかを、お礼とともに伝えます。

「ありがとう。この野菜の香りと、かりっとした歯ごたえは最高だね」

楽しい話だったらどんなふうに楽しかったのか、感想を添える。掃除をしてもらったのであれば、どんなふうにきれいにしてくれたか、よく観察してお礼をいいます。

それはたいてい、相手の「ここは頑張った！」というところと一致するので、単に「ありがとうございます」というより気持ちが伝わります。こちらの感謝に相手の喜びが合わさって、お互いしあわせになるのです。

今日一日、たくさんの人に「ありがとう」を。そして一日の終わりに、一人しずかに「ありがとう」を。

＊自分の心に合う「立ち戻りの儀式」を見つけましょう。

第二章

毎日お水をあげて、ときどきは栄養もあげましょう

今日からイキイキできる特別な方法

自分らしさを育てていく

種を蒔いて育てるとは、自分の世話をすること。水や栄養をあげていたわり、かわいがることも大切です。太陽の光のような、大きな力の恵みをもらうことも大切です。

そのためには、日の当たるほうへ葉を伸ばしていくことも必要でしょう。新しい風が吹いているところへ枝を伸ばせば、違う色の花が咲くかもしれません。いずれにしろ、蒔いただけで世話もせず、「太陽なんかいらない」と閉じこもっていたら、せっかく出てきた芽もしおれてしまいます。

だから僕も自分に水をやったり栄養をやったりしていますし、新しい刺激を誰かからいただくこともあります。そうやって行動し、種を育てようとしています。もちろん無理はせず、自分らしい、自分に似合うやり方で。

僕の尊敬する方の一人が、「ツリーハウスをつくる」というプロジェクトを手がけています。東日本大震災の被災地のために、自分たちができることは何かを考える会でもあり、僕も参加させていただいています。

プロジェクトのミーティングの際、意見を求められた僕は、こんな提案をしました。

「いきなりツリーハウスをつくると考えると、みんなすごく難しいと思ってしまうから、まずはベンチにしませんか？」

手軽にできるベンチを先につくって、「みんなが集まれる場所」というある種の既成事実をつくる。それから次のステップとしてツリーハウスをやりましょう、という提案です。僕はプロジェクトに対して何かをしたい一方、けっこうな心配性。できる限り着実な方法を考えるところがあります。

もちろんこれは意見にすぎず、「あくまでもツリーハウスにこだわってツリーハウスをつくりましょう。最初からそんな弱腰でどうするの」という人もいました。

それを聞いていて、これも正しい意見だと思いました。

僕の意見は的外れかもしれません。

「ツリーハウスは大きな計画すぎて挫折するかもしれない」というのは、心配性すぎるという僕の欠点でもあります。また、「こうやって人が集まっているうちに、できることから素早く行動に移したい」というのは、せっかちという僕の欠点です。でも、どちらも僕のキャラクターだし、もしかしたら結果としては、プラスになるかもしれません。

たとえば、みんなの頭の片隅に「ベンチからやる方法もある」という新たな選択肢が与えられたことは確かです。やるやらないは別として、選択肢がたくさんあるほうがプロジェクトは豊かになります。また、時間をかけると人の情熱は冷めていくから、ベンチから始めるというすぐにできそうな提案が、ある種の動力になるかもしれません。

これはあくまでも一例にすぎませんが、自分らしいやり方で、自分らしい意見を伝えたり、行動で示したりというのは、大切なことです。そして、照れない、恥ずかしがらないことです。

「引っ込み思案」「人に意見をいえない」「判断力がない」など、人それぞれ苦手なこともあるでしょう。しかしそれも含めて、自分らしさを育てていくべきです。みんなと同じようにふるまい、みんなと同じような意見をいい、みんなと同じような行動をする必要などどこにもないのですから。

どんな芽が出ても、それはあなたの「自分らしさ」。種が芽吹いて双葉が開いたら、ハート形でもタマゴ形でもわけへだてせずにかわいがり、大切に育てましょう。

「正しいクローバー」は三つ葉ですが、僕らは「変なクローバー」のはずの四つ葉を幸運の印として愛します。たとえ「こんな葉っぱなんて」と思うものでも、どこかできっと役に立ちます。多少おかしなかたちでも、それがあなたの魅力なのですから。

＊欠点も長所も、同じようにかわいがり、守っていきましょう。

「新しい習慣」をつくる

習慣というのは、どんどん変化していっていいものだと思っています。

そのときの自分にとっていちばん気持ちいい習慣、心地よい習慣を、いろいろ試して探してもいいし、誰かの真似をしてもいい。そうやってその時々で「新しい習慣」をつくると、成長につながるのではないでしょうか。

今の僕の習慣といえば、なんといっても早寝早起き。三十歳ぐらいから、だいたい朝五時に起きて、夜は遅くとも十時には寝ています。ただこれはあくまで、「今の僕」にとって心地よく、調子がよくなる習慣であり、ルールとして、絶対的なものではありません。

たとえば、僕が尊敬する人の一人は、極端な遅寝遅起き。その人は、仕事が終わるのが十二時くらいで、それから本を読んだりメールをしたりしていると朝になってしまうから、日が昇ったあとで眠りにつきます。午前中は寝ていて、活動を始めるのは午後。これもひとつのスタイルだし、習慣です。今の自分と反対側にある遅寝遅起き、いわゆる夜型というこの習慣もおもしろい。

世の中では「早寝早起きが正しい」「一日三食が正しい」などといわれますが、人それぞれ習慣があります。そのときの自分にいちばんフィットする習慣を見つければいいいし、常識にとらわれる必要はないでしょう。

「習慣は変わらないものだ」という人もいますが、たかが習慣。固定する必要もないし、いくらでも自分で変えればいい。そんな人生のほうが楽しいと思いませんか？

僕は最近、あるセレクトショップの若い店員さんと仲良くなり、服選びのアドバイスをしてもらうようになりました。見た目は少し派手で、彼はまさに僕とは対極にあります。

だからこそ、僕が普段は手にとらないデザインの服を「ぜひ試してください！」

とすすめてくれることもあります。

以前の僕なら「それはちょっと」と避けていたと思いますが、今は喜んで着てみます。そこから新しい自分の世界が開けてくるような気がするのです。

なんにつけ、今の自分が信じていること、「これがいい」と思っていることは正解ではなく、間違いでもありません。「これがいい」という答えは、世界にはまだいくつもあるわけで、これからの人生でどんどん試していくといいのではないでしょうか。

真似したり、アレンジしたり、自分が心地よい習慣を探す「変化の旅」をしていくと、いつか「これだけはゆずれない」というものが出てくるはずで、それだけは守るといいでしょう。娘が生まれてからの僕にとって、「家族そろって夕ごはん」がゆずれないもので、それを自分の人生の糧《かて》にしてきました。しかし娘も成長し、これもまた、まもなく変わるときが来るでしょう。そのときは自分の次の習慣を見つけるチャンス。新しい習慣、新しい人生を見つけるスタートになるのです。

＊生き方を変えられる動物は、人間だけです。

素直という宝石

変化を恐れず、新しいことを、素直な気持ちになって、両手を広げて、とりいれること。それが、自分に水を撒き、栄養をあげることにつながっていきます。そしてまた、水を受け入れ、栄養を受け入れるためには、それをしっかりと受け入れられる土壌がなければなりません。どんなに豊かな雨が降り注いでも、コンクリートのうえでは流れていくだけなのですから。

たくさんの水、たくさんの栄養という恵みを受け入れるためには、「素直さ」という土壌こそ大事です。素直さとは「単純」ということでもあります。

単純に考え、単純に受け入れる。「これはいいよ」と聞いたら、「はい」とすぐにとりいれる。賢い人は「本当にいいんだろうか？」と考えたり、疑ったり、調べたりするかもしれませんが、素直な人は、それこそおいしい水を飲みこむようにすっと受け入れてしまいます。

自分で自分を「素直だ」というのは変かもしれませんが、僕はとても素直な人間だと思っています。取り柄といってもいいでしょう。なぜなら、こんなふうに考えているからです。

「何事も受け入れよう、否定せずにいよう、どんなことでも信じるようにしよう」。否定をしない、批判をしないというのは、責任を逃れていると思われるかもしれませんが、まずはどんなことでも一度は受け入れる。そして、何かあれば、否定や批判ではなく、相手を慮った意見をするように心がけています。

僕は最近、歯列矯正《きょうせい》を始めたのですが、矯正の先生から「矯正をしている人には、二つのタイプがある」と教わりました。

タイプ一は、矯正によって、動かしたいところにどんどん自由に歯が動く人。

タイプ二は、どんなに力を加えても歯が動きづらい人。

別にどちらがよくてどちらが悪いというわけではないそうで、具体的にはどういう理由かと僕が問うと教えてくれました。

「歯列矯正は子どもの頃やるといいというでしょう。子どものように素直な人の歯は、大人であってもびっくりするぐらいどんどん動く。その一方、『わたし、わたし』あるいは『自分、自分』という自己主張が強い頑固な人の歯は、どんなにギュウギュウ締めても歯が動きづらいんですよ」

子どもの歯が動くというのは、もちろん肉体的なほかの要素もあるでしょう。しかし大人に関していえば素直さがカギだと聞いて、僕はなるほど、と思いました。診察を受けるたびに、「わぁすごい、松浦さん、素直ですね」と矯正の先生にいわれると、ほめてもらったようで嬉しくなります。

賢くなるのも大切です。でも僕は素直さを大切にしたい。どんな人の話もはじめての心で聞ける、何も知らない心でいたいのです。そういう素直さが自分を育ててくれると思います。どんなことでも、「今日がはじめての日」の気持ちで向きあうことが大切なのです。

＊素直さはあなたを宝石のように美しくしてくれます。

どんな人も嫌わない

いつからかはわかりません。僕は人を嫌う気持ちがなくなりました。

若いときは人並みに「こういう人は嫌いだ」とか、「大嫌い」と思った記憶がありますが、気づけば「人を嫌う」という気持ち自体が消えていました。

それはきっと、自分をよく見るようになったからでしょう。若い頃は自分のことは棚に上げて、相手の欠点だけを見つめ、あげつらっていたのだと思います。

きっと誰しもがそうであろう、二十代後半から三十代にかけて、はじめて自分自身を見つめるようになると、いかに自分が弱い人間かを知りました。ダメなところもあるし、ずるいところもある。そういうことを知れば知るほど、人のことを嫌いになるような感情が消えていったのです。

今では、どんなことをいう人でも嫌いにはなりません。たまに「嫌いな人はいますか？」と聞かれますが、ありのままに「いません」と答えます。もちろん苦手な人はいますが、嫌うという否定的な感情まで抱く人は、僕にとってこの世に存在しないのです。

だから誰かと話していて、相手がどんな意見をいっても「嫌だなあ」とは思いません。自分と違う意見でも、思いがけない話でも、突拍子もない提案でも、全部が全部、「いいなあ……」と感じます。「それもそれでいいなあ」と。

僕の大事にしている理念に、正直・親切・笑顔がありますが、相手がそうでなければ許さない、とも思いません。

たとえば「あなたは嘘をつきますか？」と質問をすると、「つきません」と答える人もいれば、「たまにつきます」と答える人もいるし、「うーん……」といって答えない人もいます。相手に絶対的に正直さを求めたら、誰かを嫌いになってしまうのかもしれませんが、僕は「正直な人もいいな。でも、たまに嘘をつきたくなるのもよくわかる。嘘をつくかつかないか、ごまかして答えないのも人間らしくていいな」と思うこともあります。

どの答えにもそれぞれの人間味があり、その人間味を自分に見せてくれることが嬉しいから、どんな答えでも正解なのです。

人を嫌う気持ちがなくなると、たくさんの人から水や栄養という恵みをいただけます。考えたこともない変わった種を、庭に蒔いていってくれる人もいます。

自分と似たタイプ、自分と似た考え方をする人たちだけと、狭い庭で、決まった花をつくるよりも、自由な庭がつくられていくようです。

＊まずは一日だけ「誰も嫌わない日」を試してみましょう。

「シンプル」という言葉に注意

引き算をして、ものを減らして、片づけていく。シンプルに暮らすことが美しいし、正しい。それははたして「絶対」でしょうか？

僕たちはいつの間にか、「シンプル」という呪文に縛られてしまったようです。いつかの僕も「シンプル」という言葉に傾倒していました。

大ブームとなったこの呪文には、くれぐれも注意しなければいけないのではないでしょうか。僕は近頃そう思うようになり、「何事も簡素にしていけば美しくなる」なんて大間違いだし、みんながシンプルを追求したら、世界が味気なくなっていくと感じています。

僕は今、むしろマイナスよりもプラスしていく暮らしをしたいと考えています。自分のバランス感覚を保ったうえで、新しい何かを加えていきたい。それがこれからの時代を生きていく楽しさのような気がします。

たとえば、ファッション。僕はよく白いシャツを着ていますが、「白いシャツは好きだけれど、装いの楽しさというのはほかにもあります。色を着る冒険、柄を着る冒険、変わったデザインの服を着る冒険。そんな冒険に全部目をつぶって、「これならラクだし、うまくまとまる」という、工夫やアイデアをしなくてすむコーディネイトに終始してしまうのは、たまらなくつまらないように思います。

「シンプルが最高。この定番の服装が自分の終着駅」

こんなふうに思い込んでしまったら、センスが凝り固まって、世界が広がりません。

「マイナスする」というのは、巧妙かつ効果的、ちょっと使い方を間違えると危険な方法です。仮に、こんな話があったとしたらどうでしょうか？

あるメーカーに、長く続いた定番の絵柄のお皿がありました。世間に飽きられたのか、なかなか売れなくなったので、有名な人にプロデュースをしてもらい、お皿の全面にあった柄を半分だけにしました。お皿はシンプルになり、一見、はっとするほど新しい。従って、そのお皿の人気は復活しました。

これは仮の話ですが、似た例はたくさんあります。マイナスすると一見、カッコよく見えますが、やっているのは実はとても簡単なこと。色を減らしたり、柄を減らしたりしているだけで、本質はまるで変わっていないのです。僕はそういうやり方を、美しいとも新しいとも思いません。

家を徹底的に片づけて、もののない暮らしこそすばらしい、という人もいます。部屋には何もなく、まるでモデルルームのよう。花を飾ることもない。読みかけの本が枕元においてあることもない。子どものおもちゃがころがっていることもない。

そんな暮らしに、憧れる人がいることはわかります。眺めているぶんには、「なんて素敵」と思うでしょう。でも僕は、そこで暮らせといわれたら戸惑います。味気ない暮らしだし、すべてしまい込まれていては不便きわまりないでしょう。

自分のセンスを使わずに、とおりいっぺんの「シンプルな美しさ」という引き算を追求したルールに従うなんて、退屈でたまらないと感じます。

思い切りよく捨てて、何もない部屋で暮らし、センスがよく見えるシンプルな服をいつも着ているのであれば、ラクだし簡単です。しかし何もない部屋では趣味も楽しめませんし、暮らしも楽しめません。センスがよく見える服はあくまでも、センスがよく見えるだけ。本当のおしゃれとはいえないでしょう。

だからこそ、僕はこれから挑戦したいのです。自分のセンスを動かして、鍛えて、いろいろなものをプラスしていく暮らしに。

「今日は夏みたいな日だから、柄のシャツを着よう」

朝起きて、いきなりそう思えば、どんな柄のシャツを着たらいいのか考えます。シャツを選んだら、「これに合うズボンの色は？　どんな靴にしたらいい？」も考えなければなりません。悩むかもしれないし、失敗するかもしれない。でも、それを楽しみたいし、そうしてこそセンスがすこやかに育っていくのです。

「そんなことしていたらお金がかかる」という人もいますが、使えるお金があったら、自分を磨き、自分の経験を増やして、何かを習得する自己投資に使いたいと僕は思います。

いつかの「シンプル」思考の僕は、今こんなふうにも変わっているのです。

＊素敵な人とは、変わっていける人。素敵でない人とは、停まっている人です。

いつも「今」とふれあう

その知人の家の中にあるのは、どれもみな、いいものと古いもの。たいそうな物知りで僕より何百倍もセンスがいい理由も、仕事を聞けばうなずけます。フランスでも有名な、アンティークのディーラーなのです。

数年前に話をしたとき、彼に「今はどんな家具が欲しいですか？」と訊《たず》ねられました。僕はその頃、古いもののよさや昔から使い続けられているものの魅力に気持ちがいっていたので、「六〇年代のこういう家具が欲しい、十八世紀のこういうものが欲しい」と思いつくままに答えました。

するとその人は、「なぜ？」と不思議そうな顔をしました。「君は今の時代を生きているのに、なぜ今のものを使おうとしないんだ？」と。

僕は、自分なりの理由を並べました。どうせ今の時代のものなんて、昔のもののコピーだし、昔のものにインスピレーションを得てつくられたものが多いから、どうせならオリジナルを使いたいと答えたのです。どこか現代のものに対して否定的な気持ちがあったのでしょう。

しかし、その人は首を振りました。

「今、デザインされているもの、今つくられているものを使わないで、いったいいつ使うの？　自分が生きている今の時代のものとふれあうチャンスを逃すのは、もったいない」

今の時代を生きているなら、今の時代のいちばん新しいもの、いちばん今の時代らしいものを使うほうがいい。それが今を生きるというライフスタイルだというのです。

その人は身の回りにすばらしいアンティークをいっぱい持っているけれど、生活の中ではできる限り今のものを使おうとしているそうです。そのための情報収集や学びに勤しんでもいる。僕は目から鱗《うろこ》が落ちました。

僕たちは、昔からある普遍的なものに惹かれます。長い年月、たくさんの人に認められて残ってきたものに対して、すばらしさを感じます。だから古いもの、懐かしいものに安心感と愛着を持ち、その愛着で自分の美学をやめてしまいます。好きなものの終着駅が、すでに評価が確立したものというのは、収まりがいいけれど冒険がない。それでは美意識は高まらないし、「今」を見逃してしまうから、注意しなければいけないと、その人は教えてくれたのでしょう。

それ以来、頭ごなしに「今の流行」を否定しないことにしています。家具に限った話ではありません。生活で使う道具や電化製品、コンピュータにしても、ものを選ぶときに忘れてはいけないのは「今、いちばん新しいものを使ってみよう、使いたい」という、学ぶこと、感じることの気持ちではないでしょうか。

僕は、新しいものを探しに電化製品の量販店や秋葉原にも出かけます。新しいものは日本よりもアメリカやヨーロッパのほうが早いこともあるので、インターネットで探すこともあります。次々と出てくる新しいものの中には、もちろん残るものと残らないものがあり、両者のギャップはとても大きいのですが、それをリアルタイムで見つけたい。

「流行ものは嫌い、見たことがないようなものは嫌い」という否定でできあがった生活はしたくないし、「今」を遮断したくありません。

最終的に選ぶのが、やはり昔ながらの逸品という場合もありますが、それでも新しいものを知ったうえで選びたいと強く感じています。

先日、椅子のデザインで知られるチャールズ・イームズのドキュメンタリー映画の上映会の際、トークショーをしたときのこと。「イームズをはじめとするアメリカのモダンデザインの魅力はなんですか?」と聞かれた僕は、すぐにこう答えました。

「伝統なき自由さ」

伝統という、いわばがんじがらめの概念がある日本には、徒弟制度や職人のやり方というものがあり、イームズのような新しい概念によるものはつくれないでしょう。

伝統を否定するわけでもなく、日本には日本独自のいいものがたくさんあります。しかし、古いものと新しいもの、どちらのよさも見つけられる「中庸《ちゅうよう》」という感覚を保ちたいといつも思います。

＊一日一日、自分のセンスを更新しましょう。

こだわらない、とらわれない

日々の暮らしと仕事において、やりすぎないこと、ゆきすぎないことが大事だと、つくづく思います。

「こうしなければいけない、ああしなければいけない」とこだわりすぎない。「これがきれい、これはみにくい」と、決めつけたりとらわれたりしない。

細かいことにこだわると、だんだん元気がなくなっていくことに、僕はこの頃、気がつきました。

最近、視力が悪くなってきて眼鏡をつくりました。かけたり、かけなかったりなので、ときどき「ああ、見えにくいなあ」という思いをします。しかし、視力がよすぎるといろいろなことが見えすぎてしまうから、少しぐらい見えないほうが何事も美しく見えていいという面もあると発見しました。若くて視力がよかった頃の僕は、あらゆることに気がつきすぎ、こだわりすぎ、自分をくたびれさせていたような気もします。今思えば、僕は少しばかり神経質な少年でした。これは、目に限った話ではありません。こだわると、不要なエネルギーを使うのですから。

僕はどうやらこだわりが強いと思われているらしく、「松浦さん、もの選びの基準はありますか？」という取材を受けたりするのですが、実のところ、しっかりあると思っていた基準が、何もないことにも最近になって気がつきました。「もの選び」というけれど、選ばないで「出会う」ことが多かったのだと。

「友だち選びの基準」で選んだ相手と友だちになるわけではないし、好きになった人のタイプが好きになるのだから、恋をすれば「好きなタイプという基準」など、どこかへいってしまいます。たぶん、ものもこれと同じなのでしょう。

これからはいっそう、出会ったものに対していつも心を大きく開いていたい。こだわらず、とらわれず、自分基準のようなものに縛られずにいたい。偶然に出会った、知らないもの、知らない人、新しいもの、新しい人に、心ときめく自由と育みを大事にしたいと思います。

＊「食わず嫌い」があれば、何かを大好きになるチャンスです。

雨がくれるもの

自分に不必要なことは起きない。僕はそう思っています。

日々いろんなことが起きて、中には悲しいことや傷つくようなことも大なり小なりあります。そのたびに僕は「すべて自分に必要なことだから起きる」と思うようにしています。

「ポジティブ・シンキング」と一言で片づける人もいますが、本質的なことをいえば、しあわせになるかどうかは、心の状態で決まるのではないでしょうか。

降り続く雨はうんざりするし、気がめいるし、体もだるい。しかし、雨が降るから大地がうるおい、植物が育ちます。雨がくれる恵みはたくさんあります。

照りつける日差しの強さに参ってしまうこともあります。しかし、太陽の力で草も、動物も、僕たち人間も、地球という星も生かされているのです。

何かつらいことが自分に起きたとき、「嫌なこと」と反応する前に、それをどうとらえるか、自分で冷静になって決めたいと感じます。かわいそうな被害者になるか、それとも「必要な試練だ」とありがたく思う勇気ある者になるか、自分で決める自由と意志の力を持つ。しあわせになれるかは、この選択ができるかどうかに尽きる気がしてなりません。

障害、問題、苦しさを背負い続けていかなければならないのは、つらい。しかし、それすら学びにできます。

十代の頃から、僕が自分にいい続けている言葉があります。

「自分が乗り越えられない困難は、自分には起きない」

僕に起きた苦しさや困難が、たとえ世界でいちばんの苦しみであったとしても、それを乗り越えられる力が自分にあるから起きたのだととらえる。そうすると、「きついな、苦しいな。でも乗り越えられる困難なのだな」と歯を食いしばって踏み堪えられる力がわいてきます。これは気休めかもしれませんが、逃げずにいれば時間が解決してくれる、とも信じています。

暮らしや仕事には楽しさだけでなく苦しさもあります。今でも通勤途中に駅の階段を上りながら「今日もすごく大変だし、なんて苦しいんだろう。このままどこか遠くに行きたいな」とふと思うこともあります。そのたびに十代の頃に戻って、「この状況はつらいけれど、たぶん、自分のキャパシティを超えるものではない」と自分をなだめたり、たしなめたり、励ましたりするのです。

若い頃とは違って、すぐに解決策が見つからなくても焦りません。「時間が解決してくれることもある。すぐに乗り越えられなくても、じっくり時間をかければいいだけの話だよ」と、自分にいい聞かせたりします。

「つらさや苦しさを感じているときは、『世界には自分一人だ』と孤軍奮闘しそうになるけれど、あとから考えてみると、結果としてはたくさんの人が助けてくれたっけ」

そんなふうに思い出すこともあります。人とのつながりは大切だし、人に感謝して、自分ができることを人に与える気持ちを忘れてはいけないな、と再確認したりします。

マラソンをしすぎて足を傷め、一カ月ぐらい足を引きずっていたときは、階段もポンポンと下りられないし、すいすい歩けないし、不便でした。今、歯の矯正をしていても、食事するときや話すとき、不便を感じます。

しかし「不便がある」というのは、いろいろなことに気づくチャンスでもあります。コンディションがいいことに対する感謝の気持ちが生まれるし、不自由さと仲良くして不自由さを味わい、不自由さから学ぼうと心に決めると状況は変わります。

もちろんベストコンディションというのはすばらしいことですが、いつも最高の状態ではいられません。体や状況でハンディキャップのようなものを持つこともあります。一見なんの不自由もなくても「心の不自由」もあるでしょう。

マイナス要素をすべて排除するのではなく、マイナスから得るものもあるし、マイナスがあってプラスが生まれます。元気で跳んで歩いているときには見えなかった景色にも、見えなかった人の気持ちにも気づくことができるはずです。

＊不自由さは最高の先生です。

「解決」ではなく「対応」

トラブルや失敗とは、成長するためのチャンスです。しかし、常にすんなり、そう思えるわけではありません。「今まで育ててきたものが台無しになるかもしれない」という、途方もない恐怖にとらわれることも多々あります。

だからこそトラブルに見舞われたときは、そのままうずくまってはいけません。逃げ出して、安全な自分の巣に隠れてしまってもいけません。トラブルにひるんでしまいそうな人のために、僕は励ましの意味を込めて、こう伝えたいと思っています。

「解決なんてできない」

解決というのは結果にすぎず、ほとんどの問題は解決の途中にあります。たとえば、国と国の間の問題でも解決していないことだらけです。解決の途中でもつきあい、なんとかやっていく。何十年もかけて、解決の道を一緒に一歩ずつ歩いていくしかない。

「解決できない」もしくは「解決には相当な時間がかかる」というのが真実なのですから、長期的にかまえなければうんざりして嫌になってしまいます。

「今すぐ、解決しなければ」と思うからつらくなり、パニックを起こし、「ああ、手に負えない。自分には無理だ」とうずくまってしまうのでしょう。

しかし、物事は解決できませんが、何かしらの対応、善処をすることはできます。「現実的にどう対応するか」に考え方を切り替えると、確かな一歩が踏み出せます。

たとえば、おろしたてのシャツにコーヒーをこぼしたとき、「今すぐ新品同様のまっさらな白に戻したい」と思っても無理です。「ああ、染み付きのシャツにしてしまった。台無しだ」とがっかりして、丸めて捨てたくなってしまうかもしれません。

しかしすぐにシャツを脱いで染み抜きをすれば、まっさらな白は無理でも、気がつかないほど目立たないよう、染みを薄くすることはできます。そのまま着続け、何度も洗濯するうちに、かすかな染みの名残はシャツの一部として溶け込んでしまうでしょう。要するに、大切なのは「解決」ではなく「対応」なのです。

問題に限らず「絶対の答え」を見つけようと思うと、どんなことでもつらくなります。

「あの人は自分のことを好きなのか嫌いなのか」

「わたしは本当にこの仕事で必要とされているのか、いないのか」

確かで絶対的な答えを突きとめようと思うと、僕だって倒れ込んでしまいたくなります。わかるはずがないからです。なぜなら、答えというものはどこにもないのですから、見つけようがないのです。

じっと悩んでいるのではなく、「あの人のために何かする」という花を育てる。そうすれば好きになってもらえるかもしれない。好きになってもらえたとしても、

「あの人のために何かする」という思いやりを忘れれば、好意の花はしおれてしまいます。

自分が必要とされているかどうかを悩むより、人が何を大切にしていて、何を必要としているかをよく考え、今それを差し出す努力をしたほうが、自分もまわりもしあわせです。これこそが「対応」です。

「答えはない」と思うと、僕自身、たいそう励みになります。いろいろなことに対して悩み続け、迷い続け、苦しみ続けるということが「生きる」ということだと思うから。その悩みや迷いを乗り越える小さなステップのひとつひとつがしあわせだと思うから。

＊常に美しい青空は、空ではなく天に描いた絵のようなものです。

第三章

あなたはどんな庭をつくりたいですか？

夢見ること、目標を持つこと

「願望」より「希望」

　いくつかの種を蒔き、芽吹いたものを育てていく。その繰り返しで庭が育まれていきます。最初は植木鉢で、自分が蒔いた種だけを育てていた人も、育てるという営みで人とかかわるうちに、いくつかの種をいただきます。それも一緒に育てていると、植木鉢はやがてプランターになり、庭へと広がっていきます。

　種から花を育てて、自分が育てた種を出会う人に贈る。「この種を蒔いてみてください」と誰かに手渡して育ててもらう。やがてみんなの庭にあなたという花が咲き、そしてまた、みんながそれぞれに花や種を贈りあう。それによって、人と人が深くつながっていく。そのサイクルこそがしあわせになることだと、僕は思います。

いくつかの種を育てたら、どんな庭をつくりたいかを考える時期がやってきます。自分はどんなしあわせをつくりたいのか、思い巡らすときがきます。

そのときに大切なのは、希望を持つことではないでしょうか。希望というのは、ごく小さな可能性でも信じるということです。

気をつけたいのは、僕たちはうっかりすると希望ではなく願望を抱いてしまうということ。「こうなればいいなあ」と運頼みをしたり、「こうしてほしいなあ」と他力本願になったりするのが願望です。願望とはあくまで受け身の願いなのです。

その点、希望の核には「自分」があります。当事者として、すべてを信じ、あきらめない気持ちです。希望は自分の力で掲げていくもの。信じるからこそ自分が先に与えられるし、先手を打ってしあわせの種を差し出し、循環させるきっかけとなるのではないでしょうか。

「ギブ・アンド・テイク」という言葉が僕は苦手です。「わたしはこれをしてあげるから、あなたもしてね」というのではなく、まず自分から差し出したい。自分から与えたい。そのためには希望が必要です。人に何かをしてもらう前に、人に何かを与えられる力をくれる、それが希望の力です。

しあわせになりたいなら、願望より希望を抱きましょう。

＊自分が何を与えられるかを、工夫して楽しみましょう。

成功の反対は、「何もしない」こと

庭が大きくなってくると、きっと誰かしらが手伝ってくれるようになります。通りすがりの人が、水を撒いてくれる。近くにいる人が、伸びすぎた枝を払ってくれる。見知らぬ旅人が、異国の青い花の種をくれる。そうやって庭ができていきます。もちろん、あなたも同じように誰かの庭を手伝うことになるのです。

素敵な庭ほど、たくさんの人がかかわっているもので、そうした庭は「思わず手伝いたくなる庭」です。具体的にいえば、チャレンジし、行動している人の庭ほど、手伝いたくなり、力を貸したくなります。

成功の反対は、失敗ではなく「何もしない」こと。

これは僕が大好きな言葉です。成功したいと思ったら行動に移す。やってみる。

チャレンジする。その姿勢に共感し、感動した人が応援してくれます。それで行動にはずみがつき、成功に近づくのではないでしょうか。

気をつけなければいけないのは、考えたり思ったりするだけで、何もせずじっとしていること。

「あんなことをしてみたい、これをやったらどうなるだろう？」

調べたり、人に話を聞いたりするだけで、気がすんで終わってしまう人もいますし、頭の中でシミュレーションだけ繰り返している人もいます。

「あれをやりたいといっていたよね？　いつやるの？」と訊ねても、たいていは「今、考えているところです」という答えが返ってくる相手では、応援しようもないのです。せっかくの好意が宙ぶらりんで、なんとももったいないことだと思います。

野球にたとえると、いちばん恥ずかしいプレーは見逃し三振。いちばん美しいプレーは、空振り三振ではないでしょうか。尻もちをつくほど思いっきりバットを振る。そのファイトに心動かされ、拍手を送る人はたくさんいます。

この話をすると、「みんなが感動するのは、ホームランでしょう?」という人がいます。たしかにみんなが待ち望み、どよめくのはホームラン。でも、いつもいつもホームランが打てるわけではありません。

ホームランも空振りも、「果敢にチャレンジした」という点では、同じくらい美しい。思い切り振ってぶざまに尻もちをつくのも美しいし、心揺さぶられる姿勢だと僕は思います。

僕たちは成功で人を感動させることができます。しかし失敗でも人を感動させることはできるのです。とにかくやってみる。一生懸命にやる。夢中になってやりましょう。

アイデアがあったら試してみる。「こんなもの」と思わずに大事に育てましょう。人は、一生懸命やっている人に何かしたい気持ちになるし、応援する。このことを僕はアメリカで学びました。

アイデアがある人、やる気がある人をみんなで応援し、もり立てることで物事がどんどん動くのが、いろいろな人が集まってできたアメリカのやり方です。必死に挑戦していれば、いずれ自分のことを投げ捨ててでも手を貸してくれる人があらわれる。僕もさまざまなかたちでそんな経験をしてきているから、実感がわきます。

＊応援してくれる人は、すぐそばに、たくさんいます。

「即答」でチャンスをつかむ

チャンスというのは誰にでも平等に与えられており、チャンスというのはたくさんある。僕はそう信じています。

「チャンスがない」「運が巡ってこない」という人もいますが、チャンスをつかむ人とそうでない人の違いはごくわずか。「チャンスに気がつくか気がつかないか」、ただそれだけではないでしょうか。

誰かに「こういう仕事があるけれども、やってみない?」といわれるとします。日本では、自分にはハードルが高かったり、ちょっとわからない部分があったりしたとき「一晩考えさせてください。考えてから答えます」というのが普通です。しかし、アメリカでそれをいうと、話はおしまい。「返事はノーだ」と受け取られてしまいます。

これからの時代はアメリカに限らず、どんな国でもどんなときでも、できるだけ早い返事が福を呼ぶ、そう思えてなりません。仕事でも暮らしでも同じだと思います。

即答する力をつけるには、まわりをよく観察すること。何が起きているかを常に観察して、さまざまなことへの反射神経と洞察力を鍛えることです。

洞察力を支えるものは、好奇心と人への思いやりです。いつも「人を喜ばせよう、人の役に立とう」という気持ちがあれば、自分にできることはないか、周囲を見渡して気を配る習慣がつきます。

誰かが「助けて」といったとき、最初に手を差し伸べる人になれるかどうか。「助けて」と言葉にしないうちから困っていると気づくことができるかどうか。それが即答する力のある人かどうかです。いつも自分のことだけを考えている人は、困った人がいても気づかないでしょう。

常に敏感でいましょう。すべてをあたりまえに思わず、変化を察知しましょう。

僕は自分が成功しているとは思いませんが、もし、今の僕という存在が人に必要とされているなら、目の前にあらわれたチャンスに対して、できる限りの即答を続けてきたおかげだと思っています。

＊「早い返事は福を呼ぶ、遅い返事は福を逃す」——中国の諺《ことわざ》です。

人は人から学ぶもの

どんなふうに成長していきたいかを考えるとき、「自分の先生」あるいは「メンター」といえる存在が必要です。

メンターとは、何かあったときにアドバイスしてくれる人。知らないことを教えてくれる人。おかしなことをしていたら、遠慮なく注意してくれる人。そして、真似をさせてもらう憧れの人。年上だろうと年下だろうと、他人であろうと家族であろうと、メンターがいれば、「いつか、あんな花を咲かせたい」とイメージをふくらませることができます。

直接やりとりできるメンターが理想ですが、それがかなわないなら、憧れる人を見つけてメンターとする、それだけでも学びがあると思います。なかなか直接話せなくても、その人の本を読んでみる、講演会を聞きに行くといったことはできるでしょう。今の時代であれば、インターネットで交流することも不可能ではありません。なにより憧れの人は、勇気と希望を与えてくれるのではないでしょうか。

メンターとはまた、「生涯かけてこの人についていく」という存在である必要はありません。

「今年はこの人がメンターだったけれど、来年はこの人」というふうに、変わっていってもいいのです。僕のメンターは、たいてい三人。ときどき変わったり、メンバーが総入れ替えになったりします。一人だと偏りも出るので、意識的に三人見つけることにしています。たとえばＩＴや最新のテクノロジーの世界に長《た》けている人を一人、歴史や古典といった伝統的なものに造詣が深い人を一人、自分が男だから、女性的な考えで聡明に物事を見ている女性を一人という具合です。これは誰でもできること。だから、ぜひ試していただきたいと思います。

本当に迷ったときには「この人だったら、どうするだろう？」と、三人のメンターの顔を思い浮かべます。そういう人がいるのといないのとでは、生き方が違ってきます。

「どうしたらこの人に近づけるだろう？　どうしたらこの人を超えられるだろう？」

こんなふうに考えてみるのも、メンターから学ぶひとつの方法です。学ぶとは、自分にしかできないこと。代理の誰かに学んでもらうこともできないし、手抜きも難しく、抜け道もありません。だからこそ、多くを得られるのではないでしょうか。

学ぶという意識を持つ、それだけで自分が変わっていきます。成長し、花を咲かせるきっかけとなるのです。

「学ぶとは真似ることだ」といわれます。これはたしかに真実ですが、真似るだけで足踏みをしていてもなかなか成長できません。また、憧れのメンターがすでに咲かせている花を見て、「ああ、この深い藍色の花が素敵だ」と思って真似ようとしても、同じ花を咲かせることは難しいものです。

学ぶべきは、メンターが今咲かせている花ではなく、「花を咲かせるまでにしたこと」です。どんな種を蒔き、どんなふうに水をやり、どんな栄養をやって、どんな光と風と雨を味わってきたのか。その人が若い頃に何を学んだのか、何を見てきたのか、どんな本を読み、どんな音楽に聴き入り、どんなものや人に影響を受けたのか。

すばらしい花の「見えていない後ろ側」をよく考え、そこを学ぶことで、ようやく同じ花を咲かせることができる。さらに自分らしさを加えて、深い藍色に負けず劣らず美しい、紫の花を咲かせることができるのです。この話は僕が若い頃に、メンターの一人に教えてもらいました。

今でも僕には憧れのメンターがいます。「人は人から学ぶもの」というのは僕の好きな言葉で、出会う人はみんな先生だとも感じます。メンターは目標のひとつですが、ゴールではありません。誰もがいくつも色とりどりの花を咲かせることができる、そのヒントだと思うのです。

＊「憧れの花」ではなく、「憧れの根っこ」を研究しましょう。

調べる前に、まずは自分で考える

あらゆる物事が起きるし、難しい課題もあれば、思いがけなく声をかけてもらうこともあるでしょう。どんな出来事でも、それを成長するチャンスとするためには、まずは自分で考えることが大事だと、僕は思っています。

人に教わることも大切ですが、自分では何も考えず「わからないことは人に聞く」という姿勢だと、貴重な教えも身につきません。考えることをしない習慣の人の心は、つるつるのプラスチックのようなもの。よい栄養があっても養分にできず、流してしまうのです。

まずは自分で考えてみる。よく考えて、もっと考えて、どうしてもわからなかったら人に教えてもらう。このシンプルな原則を守り、自分で「考える力」を育てていかないと、僕たちはどんどん「考えない人」になってしまいます。今はとくにインターネットでなんでもわかる時代です。便利さに身を委《ゆだ》ねていたら、「なんでもよく知っているけれど、何も考えない人」になってしまいます。そんな残念な事態は、なんとしてでも避けようではありませんか。

哲学者になれというわけではありません。暮らしのこと、仕事のこと、毎日のささやかなひとつひとつの出来事に真摯《しんし》に向きあい、よく考えてみる、それだけでいいのです。答えを出すのが目的ではありません。考えるという経験が大切なのです。面倒くさいことの中にこそ、実は多くの楽しみが隠されていることも知りましょう。

面倒くさいを楽しめる人になる。これが大事なのです。

たとえば知りあいから、正式なお茶会に誘われたとします。茶道の嗜《たしな》みもないし、何を着たらいいかわからないからと、欠席するのは簡単です。あるいはお茶に詳しい誰かに聞いたり、インターネットで調べたりして、一通りのマナーだけ詰め込むのも簡単です。しかし、「お茶会にふさわしいふるまいとはなんだろう？」と自分の頭で考え、「茶の心ってどういうものなんだろう？」と思いを巡らしてから、マナーを教わって出席すれば、心がやわらかく耕されて、より多くのことを吸収できるでしょう。

たとえば近所づきあいや仕事の人間関係のいざこざで、途方に暮れることもあるでしょう。しかし、「困ったこと」というのは数限りなく起こります。ひとつの「困ったこと」からは逃げられても、次々と「困ったこと」はやってきて、一生逃げ続けることはできません。「どうしたらいいでしょう？」と人に聞いても、どうすればいいのか、答えはあなたにしかわからないことも多いのです。だったらひるまずに考えてみるしかありません。

少し視点を変えれば、困るから工夫するのであり、困るから人の気持ちがわかるようになります。困ったことは、僕たちを成長させてくれる恵みの雨なのです。

僕も思い通りにいかなかったり、悩んだりすることが多いけれど、それでも自分で考えたい。そして考えの行き着く先は、どんなことでも「楽しむ工夫」を忘れないと願っています。

悩みごとへの対処であれ、新しいひらめきであれ、アイデアのいちばん大事なポイントは「ユニークでユーモラスであること」。どんなに真面目でどんなに立派であっても、おもしろくなくてユニークでなかったら人の役には立ちません。

自分で考える。できればユーモラスに考える。そうすれば楽しくなる。これは本当に困ったときの、最後の砦《とりで》なのです。

＊悩んだり考えたりすることで、自分の庭を耕しましょう。

花を咲かせる三つの秘訣

仕事ばかりではありません。暮らしの中でも自分なりに、小さな計画や目標を持って僕らは生きています。

「自分はこんな人でありたい、いつかこんなふうになりたい」と、自分の咲かせる花について思い描き、夢見ることもあるでしょう。

どんなプランでも、あまりぎすぎすと物事を進めていくのはおすすめできません。しかし、何かを成し遂げるためには、「こうなれたらいいな」というほのぼのとした気持ちだけでは難しいというのも現実です。情熱があればいいかといえば、それだけでも足りません。

僕が思うに、花を咲かせるためには三つの秘訣があります。

ひとつ目は、「人の心を察する感性」。

人の心を察し、思いやる感性がなければ、どんな花も咲きません。洞察力なしにみんなの心を無視して一人で突き進んでも、力を貸してくれる人は誰もいないでしょう。これでは花は咲きません。一人で咲かせることのできる花など、ひとつもないのです。

二つ目は、「状況を読み取る観察力」。

社会が今どうなっているか、まわりの状況がどう動いているかを正しく読み取る観察力がなければ、タイミングを逸します。春に蒔くべき種を真夏に蒔き、水をたっぷりやるべきときに栄養をやるという間違いを犯します。チャンスは平等にあり、つかめるかどうかは、それに気づくか気づかないかの違いなのです。

三つ目は、「果敢な行動力」。

成功の反対は、何もしないことだと書きました。チャンスは常にあり、それをつかむには行動せねばなりません。しかし、みんな尻込みし、今の場所にとどまってしまうのは、「こわい」と思ってしまうからではないでしょうか。

チャンスには常に、何かを失うリスクがついてきます。何事にもリスクがあり、リスクがないチャンスもなければ、リスクがないしあわせもありません。

「絶対に安全でリスクゼロ。今、一歩踏み出せば一〇〇パーセント成功します」という保証付きのチャンスはどこにもない。ときにはジャンプも必要です。それなのにリスクにおびえて身動きが取れず、花を咲かせられない人は多いのです。

果敢に行動するとは、リスクを恐れない強い心を持つことではありません。リスクがこわくない人などいないのですから。だから僕は、こう考えることにしています。

「リスクこそたくさん学ばせてくれる先生だ。リスクこそ成功やしあわせの栄養だ」

土を豊かにしてくれる栄養は、動物の糞《ふん》でできていたり、腐食した木の葉だったり、うっとりと美しいものだけではない。この事実を思い出そうではありませんか。

三つの秘訣を知っていれば、しあわせの花は誰にでも咲かせられると思うのです。

＊迷ったときは、しんどいほうを選びましょう。たくさんの養分がつまっています。

花には花、草には草のよさがある

バラにはバラのよさがあり、シロツメクサにはシロツメクサのよさがあります。咲かせる花は人それぞれ。どれがいいか、悪いかなどありません。どちらが美しくて見事かなど比べられないし、比べても意味はないと知っている人も多いでしょう。

それに加えて、もうひとつ、知っておいたほうがいいことがあります。それは花には花、草には草のよさがあるということ。咲きこぼれる花の庭も素敵ですが、清々しいグリーンの庭も素敵だということです。

たとえば、シダ植物には花は咲きません。けれど、美しく組まれた日陰の石垣から、あまり計算されたようでもないシダ植物が生えているのを眺められる書斎を見たことがあります。白洲正子さんの晩年の自宅、武相荘《ぶあいそう》でのことでした。白洲さんは、美しいシダの緑に心を落ち着け、目を休ませていたのではないでしょうか。凜とした白洲さんが好んだ美しい植物の風景です。

花をつけない植物も多くありますが、それもやっぱりすばらしい。花を咲かせることがなくても、生きている、存在しているだけで素敵なことです。

今ここに「ある」ということは、自分にとっては当然だから、その奇跡に気がつかない人も多いでしょう。しかしはたから見たら、命がひとつ「ある」ということは、何もないこととまるで違います。あなたがいるというだけで素敵なこと、美しいことです。

うまく花が咲かないのは、能力がないためとは限りません。失敗ばかりしているのは、あなたが愚かなためでもありません。

誰にでも何かしらの才能や力はあります。ただしタイミングによって、花が開くか開かないかという違いが出てきます。人に多くを与えているかどうかで状況は変わってくるし、物事に対する姿勢も関係するでしょう。運というものもあると思います。つまり、花が咲くかどうかは、ごくわずかな違いなのです。

命があるかないかは大きな違いで、いちばん大切なことは、「生きている」という事実に感謝する生き方です。僕は自分自身を励ますためにも枯らさないためにも、自分が生きているということ自体に感謝したい。自分が花だとしても、草だとしても、生きている自分の力をほめたいし、認めたい。そういう自分を好きでいたいと思っています。

＊生きているだけで、年月があなたを磨いてくれます。

嬉しいリンゴ、悲しいリンゴ

ものすごくいいことがあった日、「嬉しいリンゴ」が実るとします。すごく嫌なことがあった日、「悲しいリンゴ」が実るとします。

二つのリンゴを収穫して天秤にかけたら、たぶん同じ重さだと僕は思っています。いいことにも悪いことにも同じ重みと同じ価値があり、どちらが上も下もないと考えているのです。

肝心なのはリンゴが実ったということ。今までになかったものを与えられたわけですから、嬉しくても悲しくても、リンゴが「ある」というだけで、庭は豊かになったのです。そう気がついてから、僕はすごく気持ちがラクになりました。毎日何が起こっても、感謝の気持ちがわくようになりました。

物事というのは、すべてが結びついています。単体として存在しているものなど、どこにもありません。

たとえば、嬉しいリンゴだけがあったら、それは「あたりまえ」のリンゴになる。悲しいリンゴがあり、両方を味わうから、それが「嬉しい」とわかります。

また、リンゴは食べることもできますが、地に落ちて種を落とし、違う植物を育てることもあります。嬉しいという一種類のリンゴの養分が溶け込んだ土より、悲しい、おもしろい、つらい、さまざまな違う養分のリンゴが溶け込んだ土のほうが豊かになるでしょう。嬉しいリンゴしか実らない土地では、育たない種もあるでしょう。

出来事も人の関係も、すべてが結びつき、つながっています。いいことがあるから悪いことも起きるし、悪いことがなければいいことも起きません。僕など、いいことばかりが起きすぎると「これはまずい」と感じるくらいです。

すべてはバランスだと思うと、無駄なこと、避けるべきことはひとつもありません。

＊いいことも悪いことも、きっとあなたに必要なことです。

第四章

美しい庭のためにできること

頭を使うのではなく、心を使ってみませんか？

頭を使うか、心を使うか

人間関係にしても暮らし方にしても、生き方にしても仕事の仕方にしても、大切なのは次の三つのうち、何を使うかです。体を使うか、頭を使うか、心を使うか。僕自身にもいえることですが、今の時代に生きていると、頭ばかりを使ってしまいます。年をとればとるほど賢くなるのは、いいことでもあり、危険なことでもあります。

あるところに、自分の庭の世話をしている若者がいるとします。与えられたのは、バケツひとつだけ。知恵も経験もありません。

そこで彼は体を使い、植物の世話をします。泉まで歩いていき、バケツをたぷたぷさせながら重たい思いをして庭に水を運び、柄杓《ひしゃく》ですくって撒いていきます。骨が折れるし、時間もかかりますが、彼にあるのは元気な体だけなので一生懸命にやります。

やがて若者は、「泉からホースをひけば、毎日汲みに行かなくてもいいな」と気がつきます。さらに自分で水を撒かなくても、水撒きができるようにする機械を発明します。彼は経験で培《つちか》った知恵で工夫をし、頭を使った作業をするようになるのです。

若者は機械に、「朝と夕方に水を撒く」という設定をします。ただし、それが永遠にうまくいくとは限りません。「朝と夕方に水を撒く」とはある種の習慣であり、「こうすればうまくいく」と、夏の間の経験で培った若者の中での伝統、歴史です。

過去の知恵だけに頼ると、状況の変化に気づくことができなくなります。冬になると夕方に撒いた水が凍てつき、植物は夜の冷え込みでぐったりします。すぐに枯れることはないので、若者は「機械に任せておけば、大丈夫」と、少しずつ弱っていく様子を見過ごしてしまいます。もしも彼が心を使って植物を見ていたら、枯れる前に元気がないことに気づいたでしょう。

僕たちは毎日の中で、この若者と似たことをしています。体を使う時代から頭を使う時代になり、あらゆることが便利になりました。それを否定するつもりはありませんが、心を使うことを忘れてしまうと、危ういと感じます。

便利だからこそ、メールひとつにしても心を使うべきだと僕は思います。掃除、仕事、料理。どれも頭を使う部分があって当然であり、便利さをゼロにする必要はありませんが、便利であればあるほど意識的に心を使わなければならないと肝に銘じています。

体と頭と心。そのバランスを取らないと、しあわせというのはなかなか与えられないのではないでしょうか。

人間関係にしても、うまくいかない場合、頭を使いすぎていることが多いようです。うまくいかないことは心を使って物事を進めるという方向に、自分をシフトさせることが大事です。心ばかり使ってもくたびれてしまいますが、使わないと心ここにあらずになってしまいます。便利なものが増えているからこそ、心を使いましょう。「若干、心を多めに使う」、今の時代はこのくらいがいいだろうと思います。

＊あいさつ、お茶をいれる、声をかける。簡単にできることこそ心を込めて。

「はじめての気持ち」を忘れない

どんなことをするときでも、「はじめての気持ち」を持って行いたい。これは僕が大切にしていることであり、自分のスタンダードだとも思っています。

水を飲む、歯を磨く、あいさつする、仕事をする、掃除する、手紙を書く。何をするにしても「はじめての気持ち」を思い出せば、いい意味での緊張感があるし、頑張れるし、素直な気持ちになれます。

毎日、料理をする人はたくさんいます。その多くは、すっかり慣れたベテランです。

「時間がないから面倒くさい」

「日々のことだから、おかずを何にするか考えられない」

手慣れていると、ときにはこういった後ろ向きの気持ちを抱くこともあるでしょう。しかし、子どもの頃、お母さんの料理の手伝いをした気持ちは違ったと思います。

気をつけて、緊張して、そっと庖丁を握ったとき。どきどきしたはずです。わくわくしたはずです。いっぱしの大人になったようで、たまらない冒険だったはずです。たとえ、つくったものは目玉焼きひとつで、おまけに黄身が崩れてしまったとしても。

はじめての気持ちに戻ってする料理は、自然と心がこもったおいしいものになるでしょう。これは料理に限った話ではありません。僕は雑誌をつくったり文章を書いたりしていますが、毎回「はじめて書く」「今日、生まれてはじめて雑誌をつくる」という気持ちに立ち戻ることにしています。

はじめての気持ちになるとは、「なんにも知らない自分に戻る」ということ。実は、これほど素敵なことはありません。仕事でも料理でも、慣れてくれば知識や経験が備わります。それはうまくやるための心強い道具でもありますが、自分を固定する枷《かせ》にもなります。

いろいろなものを捨てるのは、難しいことです。なぜなら、知識や経験には、たいていプライドが貼り付いているから。

しかし、「はじめての気持ちで物事を行う」とは、積み重ねてきた自分の時間を否定するわけではありません。ただ、知識や経験と一緒にたまってしまった、「わたしはこういう人間だから」あるいは「この仕事はこうするべきだ」という自分を固定化してしまう思い込みを、ときどき捨てて、すっきりしようということです。

二十代までは、年をとればとるほど大人になっていくといいでしょう。しかし、三十代の後半くらいから、年をとればとるほど若くなっていくように、自分を切り替えていくべきです。そうすればずっと若々しく、素敵な人でいられます。

はじめての気持ちに戻るとは、頭を使わないということでもあります。賢さを武器にせず、素直な心で物事に向きあうといいでしょう。

もしも頭を使うとしたら、人に頭を下げることに使いましょう。「わかりません、教えてください」「いつもありがとうございます」と謙虚になりましょう。

＊頭をやわらかくしたいなら、まず心をやわらかにしましょう。

皇后さまの白い菊

人づきあいが上手じゃないし、気の利いたおしゃべりもできない。その場が和むような気遣いは苦手だし、たくさんの人が集まるところはつい、避けてしまう。正直なところ、僕はコミュニケーションをとるのがうまいとはいいがたい人間です。誰もが陽気で社交的とは限らず、僕のような人も案外いるのではないでしょうか。

つきあい下手だからこそ、僕が大切にしているのは、あいさつ。

「こんにちは、お元気ですか」

おはようございます、こんばんは、さようなら、ありがとう。こうしたあたりまえの言葉に心を込めようと決めています。上手なあいさつというのは自分を守ってくれる鎧《よろい》になると思っているし、いわれた相手が嬉しくなるような、素敵なあいさつをしようと心がけているのです。

二〇一三年三月、大橋鎮子が九十三歳で亡くなりました。花森安治とともに暮しの手帖社を創業、社主であり、『すてきなあなたに』（暮しの手帖社）などのエッセイストとしても知られています。晩年も出社して、最後の最後まで仕事をし、にこにことあいさつを欠かさない人でした。見た目はおばあさんになっていましたが、年月を重ねれば重ねるほど、どんな若い人にもひけをとらない美しさを磨いていくお手本のようでした。

僕たちは「鎮子さん」と親しみを持って呼んでいたので、あえて鎮子さんと書きますが、鎮子さんのお別れの会が帝国ホテルで行われたときのこと。僕は暮しの手帖社の人間として答礼の役割を務めており、お越しいただいた方々に、ごあいさつをしていました。その中の一人に、皇后さまがいらっしゃいました。完全なプライベートでいらしていたのです。

皇后さまは頭を下げ、祭壇に進んでいかれました。護衛の方もついていきましたが、僕が立っている位置は、たまたま献花するお姿が、唯一見える場所でした。献花というのは、いってみれば「さようならのあいさつ」です。僕はその日、今まで自分が生きてきた中で、いちばん美しいものを見た気がしました。皇后さまの献花の所作《しょさ》は、それほど心がこもっていたのです。

献花をしてくださった方々は、もちろんみなさん、心を込めていると思います。しかし皇后さまの献花を見ていると、「人というのはこんなに美しい所作ができるのだろうか」と心がふるえるようでした。

白い菊を胸に抱いて祭壇に歩み寄っていかれる姿が、まるで自分の「さようならの心」を抱いているようで、本当に美しかった。そっと花を捧げるご様子も、鎮子さんへの思いやりを、しずかに捧げるようでした。

皇后さまは献花を終え、僕のところに歩み寄られ、言葉を交わしてくださいましたが、お話ししながら、僕は改めて感じたのです。

「心があるというのは、こういうことなんだな」と。相手を思いやり、おもんぱかるという気持ちは、無言であいさつに込めることもできるのだと。

技術でもない。身につけた礼儀作法でもない。まさに心が表れる所作、それがあいさつです。貴重な姿を拝見して、自分はまだまだなと教えていただきました。

こんなふうに人に感動を与えられるあいさつを、いつか僕もできるようになりたい、そう強く願いました。

思いやりの感性を、自分でもっと育てていきたい。そのためにも、日々のあいさつを大切にしたいものです。

＊目の前の人が「何を考え、何を感じ、何を思っているか」想像してあいさつを。

「してほしいこと」を探す

人は誰しも自分を助けてくれることを探している。
人は誰しも自分を助けてくれる人を求めている。
人は誰しも自分を助けてくれるものを選んでいる。
人は誰しも助けを待っている。

これはあるとき、僕が自分のノートに書いていた言葉です。

僕自身、いつも助けてほしいと思っています。たとえば「のどの渇きを癒やしてくれるもの」を探してお店に入り、今の自分のコンディションを助けてくれるものは水なのかお茶なのかジュースなのかを考え、お金を払って手に入れます。渇いた自分を助けてくれるものを探し、自分でその答えを見つけているのです。

同じように「自分の気持ちを助けてくれるもの」を探して本を読んだり、音楽を聴いたりしますし、人と話したりします。食事も仕事も、すべてがそうです。助けてくれるものを自分で探し当てられるとは限らず、多くの場合、誰かが助けてくれます。そういう人はかけがえがないし、ありがたいと思います。

世界中の人が何かしらの「助け」を求めているなら、僕はそれが何かを探したい。探した中に自分ができることがあれば、ぜひとも提供したい。目の前の人が「してほしいこと」を探し、その中に「自分ができること」があれば、大喜びで差し出したい。いつもそう願っています。

相手の「してほしいこと」を探す。それにはよく観察することです。頭ではなく心を使って日々を過ごすことです。今はなかなか仕事が見つからない時代だといわれますが、頭ばかり使って心を使わずにいるのも、その一因ではないでしょうか。

仮にラーメン屋さんでアルバイトをしている人がいたとして、その人が心を使ってお客さまの「してほしいこと」を探しながら働いていたらどうでしょう？　お客さまが顔を上げた瞬間、「お水をください」と一言もいっていないのに、してほしいことをちゃんと察して、お冷やのお代わりを差し出す。そんな、人に感動を与える働き方をしていれば、スカウトされるチャンスも巡ってくるでしょう。なぜなら、僕の尊敬する経営者のみなさんは真顔でいうのです。「いつでもどこでも人を探しているから、これぞと思った人がいればすぐに声をかけますよ」と。

自分を美化するようで嫌なのですが、僕の『暮しの手帖』の仕事も実は同じです。「編集長をやらせてください」と願い出たわけでもなく、試験を受けたわけでもありません。みんなの「してほしいこと」を探しながら仕事をし、日々を重ねていたら偶然に声をかけていただいたのです。

『暮しの手帖』に限らず、頭を使って働きかけたら到底得られそうにないチャンスは、普段、心を使って仕事をし、暮らしている結果としてやってきました。

相手が「してほしいこと」を見つける手がかりとなるものは、笑顔です。笑顔は人の心をほどくので、相手の望みを知る手がかりとなります。そして、まずは自分が人からしてもらって嬉しいことを相手にしてあげることです。

＊笑顔がある人に、人もチャンスも福も集まってくるものです。

生かしあうこと

暮らしにおいても仕事においても、「生かしあう」ことが大切です。

自分以外の人、もの、自然、事柄。自分にかかわるすべて、自分が出会うすべてと生かしあうことが、人間が生きていくうえでの基本のルールだと思っています。

だからたびたび立ち止まります。

「この鉛筆を生かすにはどうしたらいいのか？」

宅配便の伝票を書いても鉛筆のよさは生かせないし、大量の書類を作成するときにも向かないでしょう。でも、思いのままのスケッチ、浮かんでくるアイデアを書き留めるとき、鉛筆が生み出すやわらかな書き心地や自然な濃淡が生きてきます。最大限に生かされた鉛筆は、僕の思考を助けてくれます。こうして僕と鉛筆は生かしあえるというわけで、しあわせな関係だと思います。

「この人を生かすにはどうしたらいいんだろう？」

考えることもしょっちゅうですが、人は鉛筆よりも難題です。答えはそう簡単に出ないから、家族、友だち、同僚、取引先、とにかくその人を生かすことをいつも考え、それが根底にある人づきあいをするようにしています。

何かをしてもらいたいと相手に求めるのではなく、その人を生かすために、まずこちらから手を差し伸べる。それではじめて、生かしあう関係が生まれるのではないでしょうか。

どうすれば相手を生かせるか、その答えがわからないときは、自分がしてもらいたいことをするのがいいでしょう。先にも書いた、自分がされて嬉しいことを、人にものにもする。自分がされて嫌なことは、人にものにもしない。覚えておくと役に立つルールです。

自分が投げられたら嫌だから、たとえクッションでも投げない。自分が勝手に汚されたら嫌だから、自然を汚さない。自分が心無い言葉を投げつけられたら嫌だから、人にも嫌なことはいわない。

ものは自分の体のようにていねいに扱い、自然は自分の親のように大切に扱い、人には自分が「こんな笑顔であいさつされたら気分がいいな」というあいさつをする。

たとえば、愛するということは、生かすということだと僕は思っています。愛しあうということは生かしあうこと。愛し愛されることによってお互いが成長しあっていく。そこからこの世界の調和が生まれます。

とても精神的で大変なことだと思う人がいるかもしれませんが、今日からできることばかりです。「自分が、自分が」という我欲や「自分さえよければ」というひとりよがりを捨てるだけでいいのです。そうすれば自分が生かされるときもやって来ます。

＊ていねいな暮らしとは、「心を使った暮らし」です。

工夫とは愛情

何を習うにしても学ぶにしても、工夫がなくてもできることはたくさんあります。単に人のやり方の真似をする。かたちだけを習う。とりあえず体裁が整えばいい。そういった考え方もあります。

「こうすれば恥ずかしくないマナーですよ」と教えられたとおりにふるまえば、なるほど、その場はうまくこなせるでしょう。

「これだけ覚えておけば、プロ並みの料理に見えますよ」と習ったとおりに盛りつければ、たいそうおいしそうなごちそうができあがるかもしれません。

しかし、そこには心が欠けています。やり方を覚えることはできても、感動を与えるような自分らしい表現はできない。そんなものをつなぎあわせて、誰かとつながろうなど、はなから無理な話です。うわべだけを取り繕って自分の花を咲かせようなど、種蒔きにすらなっていません。

教わったことに加えて、自分なりの工夫をしましょう。よくあるパターンでやすやすとこなせるなら、「もっとよくするにはどうすればいいんだろう？」と考え、工夫し、試行錯誤して、うんとよくしましょう。工夫を自分がすればそこに心が入り、心が入れば愛情がこもります。

そのときに気をつけないといけないことは、「工夫しよう」と思い詰めて、考えたり思ったりするだけで何もしなくなってしまうこと。立ち止まるのではなく、行動しながら工夫をする、このプロセスがいいのではないかと思います。

簡単なのがすごい、ラクなのがいい、手間をかけないのが賢い。そんなことを、いったい誰が決めたのでしょう。うんうん唸《うな》って、「十分にいいけれど、もっとよくしたい！」と考えて工夫するのは、苦労ではなくしあわせだと僕は思うのです。

＊工夫を繰り返せば、あなただけが知ることができる秘密の蓋が開きます。

体を使ってわかること

「体と頭と心を使う」という意味では、体を使う機会も意識して持つといいでしょう。体と心はつながっています。体で経験して心で感じて頭で考える。このサイクルをまわしていくといいのではないでしょうか。

とても便利な時代だから、たいていのことはメールですませることができます。わざわざ見に行かなくても、地球の裏側がどんな景色かもわかるし、食べてみなくても人の評判で、どんなレストランかわかったような気になってしまいます。

しかし、あくまで「わかったような」です。わかったわけではありません。この状態を放っておくと、知識が増える一方になります。知識が増えれば増えるほど、心で感じること、自分で考えることが減っていきます。

これは時代の流れでもあり、僕自身、「流されてはいけない」と危惧《きぐ》しています。

体を使って経験するために、出かけましょう。情報というのは知識ではありません。集めるものでもなく、人から聞くものでもない。「情報＝経験」です。自分が経験したことしか、情報とはいってはいけないと、僕は思っています。

「おいしい、素敵、きれい、この人はこんな人」

すべては自分が経験したうえで思ったりいったりできることで、人の経験を借りてきても自分の情報にはなりません。なにより、自分で発見するという楽しみを手放してしまうのは、もったいないと思います。

自分の体を使って、実際に見て、感じて、生の本物にふれる。とくに若い人ほど、パソコンが得意なぶんだけ注意したほうがいいでしょう。

自分で経験したことは、自分をものすごく素敵にしてくれます。胸を張って「こう思う！」といえる、その喜びを味わいましょう。

＊いろんなことを経験している人ほど、素敵な人はいません。

第五章

世の中がしあわせの花でいっぱいになるように

つながること、そして一歩踏み出すこと

しあわせとは人とつながること

このところずっと、考えていました。

「しあわせな人とは、どんな人だろう？」と。すると「しあわせな人とは、しあわせとは何かをよくわかっている人だ」という答えが見つかりました。それから、こう考えるようになりました。

「では、しあわせとは、なんだろう？」と。すると、僕なりの答えが見つかりました。それは「人と深くつながること」。

自分の庭に種を蒔き、手入れをし、花を咲かせるのは素敵なことです。しかし、仮に自分の家が十軒並んだ区画の一軒だったとして、あとの九軒の庭が、荒れ放題で殺風景な庭だったらどうでしょう？　僕だったらそれは、さびしいし、むなしい。ましてや「うちはよその庭に比べてすばらしい！」と誇る気持ちなど起きるはずもないのです。

自分の庭ばかりきれいにしても、しあわせにはなりません。みんなの庭がきれいになってはじめて美しさを楽しめます。それには隣の人と深くつながり、種をわけてあげることです。ときには土を入れ直し、新しい草花を植える手伝いも必要でしょう。

いちばんの理想は、自分の庭をきれいにすると、それが自然に伝播《でんぱ》していくこと。

たとえば、「庭がすごくきれいだな」と思った右隣の家の人が、「うちもやってみよう」と思いたち、放り出された壊れた自転車を片づけ、草むしりを始める。

たとえば、「普通の家でもあんなに素敵にできるんだ！」と刺激を受けた左隣の家の人が、「手入れの仕方を教えてください」といってくる。こうしたやりとりを通じて、人と人とのつながりができていきます。

最初は似たような庭であっても、やがて個性が出てきます。ある家の庭は実のなる花がたくさんあり、ある家の庭は季節ごとに色鮮やかな花が咲いている。ある庭はグリーンが中心の涼しげな庭。違いがあるからこそ、お互いに自分にないものを与えあうことができます。

こうして三軒の素敵な庭の家ができると、その隣もそのまた隣も、区画全部が美しい庭の家になる。それがさらに広がって、街全体、地域全体、最後には世界中が美しくなる。そうすればさまざまな種ができ、その種を交換して、新しい種も生まれます。なんと豊かなことでしょう。

何かを手に入れ、所有すること。いいことが起きること。若い頃はそれもたしかにしあわせでした。しかしいつしか、それだけでは「足りない」と思うようになりました。なぜならそれは、自分一人のしあわせだから。

おいしいものを一人で食べるよりも、誰かと一緒に食べたい。誰かと一緒に食べることで、おいしさ、嬉しさを共有し、心の深いところでつながっていく。すると、何を食べるかなど、どうでもよくなっていきます。喜びを共有して人とつながる。それこそがしあわせだとつくづく思います。

また、しあわせになるためには、大変なこと、苦しいことをくぐり抜けねばなりません。困難と闘って乗り越える必要もあるでしょう。とくに四十代から五十代にかけては、心と体の変調が出てくるつらい時期だと、僕自身、実感しています。元気がなくなったり、ネガティブになったり、「自分の人生、これでいいのかな。これで終わってしまうのかな」と悩んだり。自分の精神的、肉体的な不調に、子ども、親、家庭、仕事の悩みがプラスされると、どうやって乗り越えたらいいのかと、頭を抱えてしまいます。

たぶん、こういう大きな山を乗り越えるために必要なのが人とのつながりなのでしょう。家族、友だち、仲間、メンターといった自分にとっての「善き人」たち。彼らとの人と人とのつながりがつらい時期を癒やしてくれるし、いいつながりがあることで、つらい状況もいい流れに変わる気がします。僕は誰かに癒やされ、僕は誰かを癒やす。すべてはお互いさまなのです。

いろいろな本で書いていますが、人間は基本として一人だし、孤独というものが生きていくための条件、人間である条件だと思います。だからこそ、人とつながりましょう。だからこそ、人に優しくしましょう。人は人とつながることで苦しみを乗り越え、しあわせにたどり着くのです。

＊まずあなたから、あなたの街を「花咲く街」に変えましょう。

しあわせのリレー

人に怒らない。人を責めない。人に嘘をつかない。

人のせいにしない。人の文句や悪口をいわない。

去年の年末、僕はこの言葉を、「しあわせな新年を迎えるための自分との約束」として書き記しました。人を傷つけたり、人との関係に波風を立てたりしてはいけないと、忙しくて余裕をなくしそうな自分を戒めたのです。自分だけがよくても、人がよくならなければしあわせにはなれないのですから。

しあわせというのは、自分の心の状態です。しかし、それだけでは完成しません。自分がしあわせを感じているとして、それをみんなにどうやってリレーしていくか、リレー作業が要《かなめ》です。

嬉しいこと、楽しいこと、心の底から感謝することは、自分だけで独り占めにしてはなりません。「もっと、もっと」という気持ちで、自分がしてもらおうという気持ちを募らせると、しあわせは逃げていきます。

しあわせだなと感じたら、そのしあわせをリレーでバトンを渡していくように誰かに渡す。その誰かがまた誰かに渡す。こうしてしあわせのリレーがしていけたら、ふたたび自分にバトンが回ってくるでしょう。

お金としあわせの関係についてはさまざまなことがいわれていますが、僕がひとつだけ確実にいえるのは、お金で大切なのは貯め方ではなく使い方だということ。お金は使わないと意味がないということを、尊敬するメンターから教わりました。いい使い方をすればするほど、お金は減るどころか増えていくのだと。

しあわせもこれと同じで、「どう使うか」が大切です。しあわせを感じたら、人をしあわせにすること。しあわせは使っても、使っても、減るものではないのですから。

＊自分のしあわせを自分でつくり、それを誰かにお裾わけしましょう。

美しさのリレー

「たとへ一枚の新しい生地がなくても、もっとあなたはうつくしくなれる　スタイルブック　定価十二円送料五〇銭　少ししかつくれません　前金予約で確保下さい」

昭和二十一年五月、終戦からまもない頃、新聞にマッチ箱ぐらいの小さな広告が出ました。出稿したのは『暮しの手帖』の前身である『スタイルブック』をつくろうとしていた「衣裳研究所」です。この広告によって、全国から山のように書留が来て、封筒をハサミで切り続けたために指にタコができるほどだったそうです。

戦後の混乱の中で、当時の女性たちはどんな思いでいたでしょうか。お金もない、物資もない、それでもなお、美しいものへの憧れと、希望を持っていたのではないかと思います。

だからこそ、「たとへ一枚の新しい生地がなくても、もっとあなたはうつくしくなれる」という、ごくごく短いコピーに惹かれ、多くの女性がこの雑誌を求めて書留を送ってくれたのでしょう。

それにしても、服飾雑誌で「生地がなくても、うつくしくなれる」と打ち出したのは画期的なことでした。おしゃれをすることが許されなかった戦中から、おしゃれをすることを夢見てもいい戦後への時代の移り変わり。けれど、戦争に負けた人々の生活は、そんなにすぐには変わることができなかった。それでも、夢見る気持ちを取り戻してもいいのだと、そういう時代になったのだと、まずは、美しさに向けて、女性の心をリレーさせたコピーだったのかもしれません。

「生地がなくても、うつくしくなれる」は、新しい生地で服がつくれなくても、美しくなろう、美しい暮らしをしようと希望する心を持つ女性は、きっと美しくなれると伝えたかったのだと僕は思います。

そう、誰でも宝石のように美しくなれます。美しくなる力は、みんなに平等に与えられているのです。自分を宝石のように美しくするのは自分だし、誰でもできること。そう考えると勇気が出てきます。

みんなが美しいいし、みんなが平等に力を持っています。それを誰かが育ててくれるのではなく、自分自身で育てる。もしも美しい人とそうでない人がいるとしたら、「自分を美しく育てる」ということを、あきらめているか、あきらめていないかの違いだけだと思います。

しあわせの花を人にリレーしていくためにも、まずは自分にもっと水をあげて、自分を育て、いたわり、美しくしましょう。なぜなら、あなたにはもっと花を咲かせる力があるし、もっと美しい自分が眠っているのですから。命がみなぎった美しさは、人を力づけ、しあわせにする力があります。

しあわせのリレーとは、美しさのリレーでもあるのです。

＊明日は今日より美しくなるよう、毎日自分を磨いていきましょう。

子どものように聞き、大人として話す

人とつながるうえでは、コミュニケーションが大切です。コミュニケーションの中心となるのは言葉でしょう。

僕が心がけているのは、第一に、子どものように聞くこと。

人の話を聞くときは何も知らない子どものように、「無知な自分」として耳を傾けます。講演会でも、お茶を飲みながら誰かと話すときでも、何かを教えてもらうならば、何も知らない自分として素直になります。相手が若くても、経験が浅くても変わりません。聞いた話がたとえ知っていることであったとしても、「そんなこと知ってるよ」というのではなく、「話してくれてありがとう」と感謝できる人でありたいのです。

僕が心がけている第二のことは、大人として話すこと。とくに人前で話すときな

ど、自信を持って堂々と意見を述べます。極端ないい方をすると、「この会場で自分がいちばん偉い人」という気持ちになるぐらいでちょうどいいと思うのです。

人前で話すということは、みんながわざわざ聞いてくれているということ。それならものおじせず、胸を張って、自信を持って堂々と話すのが礼儀だと思います。わざわざ講演会やトークショーに足を運んだのに、話し手が「違うかもしれないんですけど……」と腰が引けた様子では失礼ではないでしょうか。

僕が心がけている第三のことは、人と話すときは、相手がどういう気持ちかを、できる限り想像しながら話すこと。いいことも悪いことも、思いやりを持って伝えるということです。これは文章を書くときにも気をつけています。

「自分の妹、自分の兄弟、自分の子どもに話すとしたら、どう話すだろう？」

こんな想像をすると、取引先に厳しい話をしなければならないときも、部下に注意しなければいけないときにも、思いやりを持って伝えることができます。

＊怒りを感じたら「相手が家族でも、そんな態度をとる？」と自問しましょう。

「贈り物」は手紙と笑顔

手紙を書くということは、いろいろなつながりに作用する、重要なコミュニケーション手段ではないでしょうか。僕が個人的に好きなことでもありますが、筆まめという習慣は、ずっと持っていたいものだし、人にもおすすめしたいことだと思うのです。もちろん電話やメールも使いますが、手紙を書くという行為は特別です。

手紙を書いている十分、二十分は、その人のことだけを考えています。自分の時間をその人のためだけに使うということです。だから誰かから手紙をもらうと、僕はしみじみと嬉しい。感謝の気持ちを伝えるためのいちばんわかりやすいかたちが、手紙だと思うのです。

とくに仕事については、手紙で始まり、手紙で終わる。これが僕のコミュニケーションです。感謝の気持ちを表し、礼を尽くす手段として、手紙に勝るものはないと思っています。

ともすれば、かしこまった印象を与えかねないので、あまり慇懃《いんぎん》になってはいけません。立派な封筒や便せんで相手の負担にならないよう、さりげなさを演出して、バランスを取る気遣いもいります。かたちは人それぞれでいいでしょう。「ありがとう」という気持ちを、手紙というかたちで伝える、肝心なのはその行為自体ですから。

贈り物、プレゼントは人への思いをかたちにしたものです。大切な人に僕が何かを贈るなら、手紙と笑顔と決めています。

なんといっても笑顔は大事。いつもにこにこしているのは体のためにもいいし、人に対してもいい。笑顔は人にいろんなものを与えられる、魔法の贈り物です。

「自分は何も持っていない、何もしてあげられない」という人も、笑顔でいるというだけで、みんなへのプレゼントになります。

＊今日は一人に手紙を書き、十人に笑顔を贈りましょう。

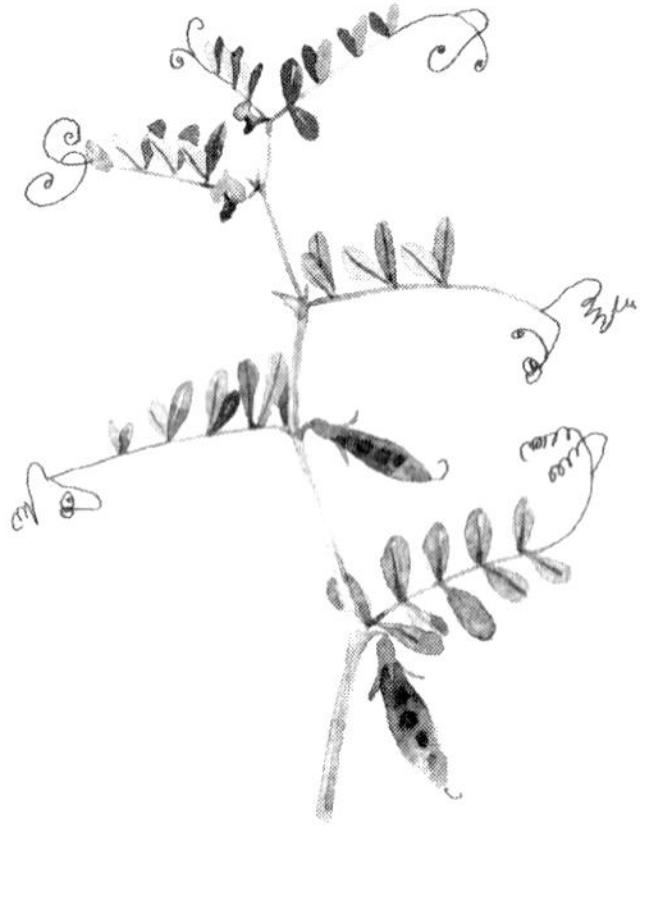

想像力と気遣い

〈お互いの仕事に口出しをしないこと。相手の時間を奪わないこと。〉

これは、映画監督であり脚本家の松山善三さんと、女優で随筆家の高峰秀子さんが結婚したときに決めた、「二つのお願いごと」だったといいます。

『高峰秀子　夫婦の流儀』（新潮社）という本でこのことを知った僕は、それぞれ仕事をしている夫婦にとって本当に大切な取り決めだと思いました。夫婦であっても、家族であっても、人を生かすことは大切なことです。愛することが人を生かすことだと、ご夫婦に教えていただいたような気がしました。

お二人の養女である斎藤明美さんが編者である同書には、松山さんが斎藤さんにこんなことを伝えたと紹介されています。

「愛情というのはね、相手が望むようにしてあげることなんだよ」と。

愛とは相手を自分の思い通りにすることではないし、相手を好きか嫌いかという問題でもない。それが正しくても正しくなくても、相手が望むようにしてあげる。これは善悪を超えた二人の間だけの絆《きずな》であり、究極の愛情のようにも思えます。

このご夫婦に学ぶことはたくさんあり、僕がもうひとつ感動したエピソードがあります。それは、お漬け物の話。松山さんはお漬け物が嫌いで、結婚したとき「一生、たくわんだけは食べないでください」といったそうです。高峰さんは以来、一切口にせず、一度も食卓に出しませんでした。

松山さんが文化庁主催の脚本賞をとったときのこと。斎藤明美さんが松山さんの好物の竹葉亭の鰻重を届けると、高峰さんはしばらくして、重箱の隅に刻んだたくわんが入っているのに気がつきます。そこで高峰さんは松山さんに出す前にたくわんをていねいによけ、まわりのごはんも「匂いがついているといけない」と取り除き、さらに団扇《うちわ》であおいだというのです。

小さな約束でもきちんと守るという、思いやりの強さ。「嫌いだったら残せばいい」というのではなく、お漬け物があったことを見せもしない心配り。実に見事です。

これだけの想像力と気遣いがあったから、高峰さんは大女優になれたのでしょう。

僕に同じことができるかどうかはわからないけれど、心配りや気働きを、暮らしでも仕事でもしていきたいと思います。とくに生活をともにする家族やパートナーというのはかけがえのないもので、身近な人を生かすように愛することが、基本中の基本ではないでしょうか。

家族を悲しませたり、家族を犠牲にしたりして得られるものなど何ひとつありません。仮に何かが得られたとしても、そこには本当のしあわせはないと思うのです。

「仕事と家族とどっちが大切なの？」という話はよくありますが、考えるまでもなく家族に決まっているのです。

＊家族一人ひとりの「庭」を尊重しましょう。

インターネットとのつきあい方

善き人とのつながりは、インターネット上で果たされる場合もあるかもしれない。僕はそう思っています。

実際に顔と顔をつきあわせてのつながりも、ネット上でのつながりも、バランスよく大切にすればいいのではないでしょうか。どちらも人間関係なのですから、基本的なルール、マナー、礼儀作法をきちんと守り、相手を思いやる気持ちを持つことを忘れてはいけないと思います。ネットのつながりは顔が見えないし、匿名《とくめい》ということもあるかもしれませんが、だからこそ必要以上に自分本位にならないよう、注意が必要でしょう。

「どんなものにも、その先には人がいることを忘れない」

この原則を忘れずにいれば、たいていのことは大丈夫です。

僕は、もっぱら手紙派ですから、僕が「ネットの友だちも大切にしよう」というと、不思議に思う人もいるかもしれません。しかし、自分がしないことだからといって、否定するつもりはないのです。

インターネットが出はじめの頃はどんなものか知りたくて、僕もいろいろと試しました。新しいことには興味があるので、今でも最新のテクノロジーは一通り見るようにしています。その際、気をつけているのはバランスです。インターネットというのは、うっかりすると夢中になりすぎてしまいます。あまりにも便利で依存しかねないところがあります。

そこで、インターネットのコミュニケーションをしすぎていたら、実際に人に会う。出かけていって人に会うばかりだったら、あえてメールを活用したり家で本を読んだりする。そうしたバランス感覚を保つべきです。

インターネットをどう使うかには、環境も影響しています。僕はたまたま東京にいて、幸いにもメディアの中にいるから、自分が知りたいことや見たいことが、ちよっと手を伸ばせば届くところにあります。たとえば「どのコンサートがすばらしいか」は誰かに直接聞けるし、自分も行ってみたいと思えば電車に乗ってすぐに行けるという、便利さに恵まれているのです。

しかし、なかなか情報が得られない環境にいたり、地方に住んでいてなかなか行きたいところに行けなかったりする人は、インターネットの比重が高くなって当然かもしれません。小さな子どもを育てている、あるいは海外在住で簡単に友人と会えないという人には、インターネットを活用した人づきあいは大切なものでしょう。

テクノロジー全般についていえば、これからもどんどん便利な機能ができてくるはずですし、それを上手に使えば、自分のライフスタイルをよりよいものに変えていけるでしょう。だから好奇心を持って常にふれていたい。拒絶せず、自分らしく取り入れていきたい。「僕はアナログ人間だから関係ない」と遮断し、世界を狭くしてしまうのは、実に残念だしもったいないと思っています。

七大陸最高峰登頂を果たした写真家の石川直樹さんから電子書籍のすばらしさについて伺いました。高度や空気の薄さに体を慣らしていくために、登山には実は「待ち時間」がたっぷりとあるのだそうです。そのため、これまでの彼にとって絶対に欠かせない持ちものは本。しかし本というのは重いもので、自分の体の負担にもなり、シェルパに運んでもらうにはお金がかかります。

先日エベレストを踏破した際、彼ははじめて電子書籍の端末を持って行ったそうです。薄くて軽い端末に、百何冊ものタイトルが入るすばらしさ。バックライトで暗い中でも読める利便性。本当にありがたかったという話を聞いて、登山や旅をする人はもちろんのこと、入院している人、書店になかなか足を運べない人には画期的な発明なのだと感じました。いつ、何が自分にとってのベストになるかわからない。そういう気持ちの若々しさ、やわらかさを保っていきたいと思います。

＊信念は、大切なもの。固定観念は、いらないもの。

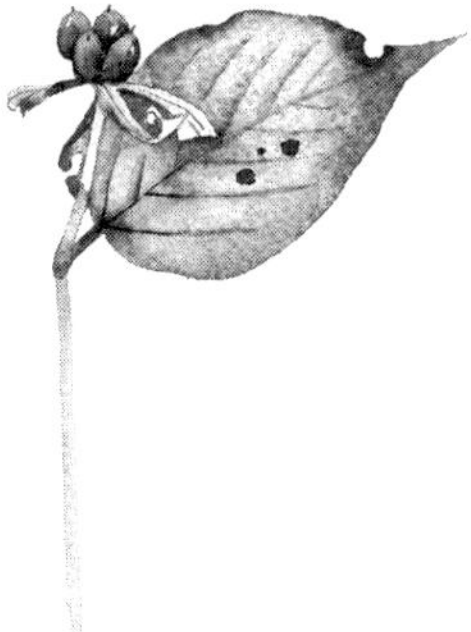

しめくくりは「楽しかったね」

とにかく人間というのは弱いものです。水をあげなければ枯れるし、踏みつけられたら萎《しお》れるし、風が吹けばぽきんと枝が折れてしまいます。僕らはその弱さを知るべきですが、自分の弱さを知るだけでは足りません。

「僕だけが弱いのではなく、隣にいる人も同じように弱い」

総理大臣であれ大統領であれ一緒です。落ち込むことなどなさそうなこわい上司も、気が強くて意地悪な近所の人も、実は強くなんてありません。あなたと同じように、おびえるし、傷つくし、悲しむ。お互いが弱いのですから、いたわりあい、認めあっていくのがいちばんでしょう。

そうはいってもトラブルは起きます。いざこざもあるし、行き違いもしょっちゅう起きます。そんなときに効き目があるのは、細かいことにこだわらないこと。くよくよしたりせず、いつもにこにこと気持ちをすこやかにすること。そして、「何事もうまくやろう」というこだわりを捨ててしまうことです。

人づきあいをうまくやろうと思わなくていい。

みんなによく思われようと思わなくてもいい。

これは「相手のことなんて考えないで好きなようにやればいい！」という意味ではありません。不完全なつながりを楽しむということです。

たとえば家族でも会社でも友だち同士でも、人が複数集まれば、意見が完全に一致することはありません。深刻な話しあい、訳のわからない会議、不毛と思われるいい争いもあります。でも、それこそコミュニケーションです。そのコミュニケーションにたったひとつルールをつくるとしたら、僕はこんなルールをつくります。

最後に「話してよかったね」と思えるようにすること。自由に意見をいいあい、混沌としたり感情的になったりしても、みんなで話しあったしめくくりは「楽しかったね」で終わること。このルールさえあれば、たいていのことはうまくいくと信じているのです。

嫌なことを話したあと空気を変えずに「以上です」で終わり、一人ひとりが暗い顔をして、悶々とした思いを自宅まで持ち帰る。そんな話しあいや会議は、どんなに知恵を絞っても、結局は意味がないものになってしまいます。

お互いが本当に弱い人間だから、楽しむこと。自分も弱いから相手の弱さを許せるはずですし、許すべきだと思います。お互いを思いやる関係を築いていけば、多少のトラブルがあっても、コミュニケーションをとればとるほどお互いがどんどん成長し、どんどん素敵になれるでしょう。

人が何人か集まった場で深刻な話をしているとき、自動的に楽しくなんてなりません。だからあなたがまず、楽しさをもたらしましょう。これもあなたにできる「与えること」でもあります。いつも与えるのは自分からだと、覚えておきましょう。

＊どんなことでも、結びの言葉は「ありがとう」。

自分の庭を社会につなげる

「社会に対して、自分ができることなどない」

ほとんどの人がそう思い込んでいるのではないでしょうか。しかし、それはあくまで思い込みです。自分がいるというだけで、社会に対してできることはありま す。

たとえば自分の家の庭を美しく整える。それは小さかろうとも「景色をつくる」ということだから、立派な社会貢献だと思います。逆に「自分の庭だからどうしようと勝手だ」といってゴミ屋敷にしていたら、まわりの人にも社会にも迷惑になります。

自分にはできることなど何もないと思う人は、自分という存在を磨きましょう。毎日種を蒔き、水をやり、自分を育てましょう。

実はこれは、僕が自分にいい聞かせていることでもあります。なぜなら僕も時折「社会に対して、自分ができることなどない」という思いにとらわれてしまうのです。

自信をなくすことはたくさんあります。それでも笑顔であいさつをしたり、思いを本として綴ったり、役に立つと信じられる雑誌をつくったりして、自分ができることを精いっぱいしています。

こうした種蒔きは地道なもので、なんの花も開いていないように思えます。ところが、あるとき、ちゃんと花は咲いていて、見知らぬ人にまで届いていたという、嬉しい知らせが届くこともあるのです。

たとえば読者の方からいただくお葉書やお手紙。

ある方は、僕よりもずっと年上で、長年、駅の売店でお仕事をされてきたといいます。葉書の文字は達筆で、短い休み時間に僕の本を読んで、元気をもらっていると書いてくださいました。けれどその実、元気をもらっているのは僕のほうでした。

駅の売店でのお仕事は、長時間立ちっぱなし、短い接客時間でお客さまに喜んでいただくために、いろいろな工夫や心遣いをされていることでしょう。ときには心無い人に、つらい思いをさせられることだってあるかもしれない。大変なお仕事なのではないかと思います。人生経験も豊富であろうその方を、つかのまでも元気づけることができたとしたら、僕はこんなにも嬉しいのです。

ある方は、いろいろな悩みがあってうまく生きられず、心に病を抱えたと、長い手紙をくださいました。友人からプレゼントされた僕の本を、線を引きながら読んでいるといいます。最近、自分がどうあるべきか、いろいろなことがわかってきたとも書かれていました。今までついつい人のせいにしてきたけれど、まずは自分から変わることが大事なんですね、勇気をもらいましたとしめくくられていました。

そして、僕の本を、また誰か別の友人にプレゼントしようと思っているというのです。

この方たちはお葉書やお手紙の中で、僕の本に元気づけられた、勇気をもらったと書いてくれましたが、僕も同じくらい、いやそれ以上に元気や勇気をもらっています。すごく光栄で、嬉しくて、胸が高鳴ります。

僕はみなさんに、絶対の知恵をわけて差し上げることはできません。「こうしなきゃダメだよ」といい切る自信などありません。なぜなら僕自身も、迷っていて、弱くて、「社会に対して、自分ができることなど何もない」と不安になってしまう一人だから。

だからこそ、精いっぱい自分の庭をかわいがり、そこで学んだことを惜しみなく伝えたい。みんながみんな種を蒔き、自分の庭をきれいにすることで、たくさんの庭がきれいになればいいいなあと、願ってやまないのです。

＊小さな美しい庭がたくさん集まると、美しい世界ができあがります。

おわりに

みなさんの庭にどんな花が咲いたのか、僕に教えていただけませんか？

もう少しだけ、お話しさせてください。

「すべては自分で蒔いた種」という言葉がありますね。防ぎようのない災害や病気、事故を除き、普段の暮らしにおいて、悲しいことやつらいこと、大変なことがあったとき、自分を戒めるときに使う言葉です。どんなことでも原因は自分にある、というのは本当です。そう思うことで、人は謙虚に学ぶことができ、苦難を乗り越えて前に歩み、新しい景色を見ることができるのです。まずは素直に自分を省みる心を持ちましょう。

苦難の原因が「すべては自分で蒔いた種」であれば、嬉しいことやよいことが起きたときも「すべては自分で蒔いた種」のおかげです。ということは、よいことも悪いことも、自分が今日どんな種を蒔くかによるのです。人間は弱い生き物ですから、気がつかないうちに、もしくは、わかっているけれどうっかり、というように、悪い種を蒔いてしまいます。僕はそれでもよいと思います。それだっていつか必ず、自分に還ってくるのですから、結果的には学びとなって力になってくれるのです。

日々ちょこちょこと、悪い種を蒔いてしまうけれど、それより一粒だけでも多く、よい種を蒔く。それだけでも、きっとあなたらしい素敵な庭ができるでしょうし、あなたの暮らしにしあわせがそっとあらわれると思うのです。この本を読んでいただき、どうぞみなさんの心のポケットに、「今日のベリーグッド」という、よい種をひとつでも多く増やしてください。

表紙絵と挿絵は、阿部真由美さんに描いていただきました。表紙絵は僕の大好きなバラの花びらです。このバラは三十枚もの花びらがあります。たった一輪でも、こんなにきれいな花びらがたくさんあるのです。その一枚いちまいの美しさを見ると、さあ、今日も、一粒よい種を蒔きたいなと思うのです。

松浦弥太郎

「解説」にかえて――松浦弥太郎様へのお手紙

小川 糸

今しがた、『しあわせを生む小さな種』を読み終えました。

読み終えて、私がまずしたことは、深呼吸。それから、窓辺に置いている植木鉢に水をあげました。今日は日曜日で、しとしとと冷たい雨が降っています。

私は今、ベルリンで暮らしています。毎年、夏だけ来ていたのですが、半年ほど前から、思い切ってアパートを借りて暮らしてみることにしたのです。ドイツ語の学校に通っているのですが、十習っては九忘れるの繰り返しで、自分の至らなさを痛感する毎日です。

ベルリンに身を置いてみることは、人生における大きな挑戦でした。けれど、そこまで行かなければ決して見えない景色があると思うのです。不慣れな外国の地で暮らすというのはままならないことの連続ですが、一見、大変だったり苦しかったりすることも、きっと未来の自分にとっては必要なことで、そこから学べることがたくさんあるように思います。自分の肌で感じたこと、経験から学んだことこそが、自分の血や肉になると。

先日、友人と夏の遠足に行きました。目的は、週末しか開かない片田舎のカフェなのですが、そこに行くまでが一苦労なのです。最寄り駅から十四キロも離れているのに、バスもほとんどなく、歩いて目指せるような距離でもありません。駅にはレンタサイクルもないとのこと。結局、私たちはベルリンから自転車を列車に乗せて最寄り駅まで行き、そこからサイクリングをしてカフェを目指すことにしました。

さらっと書きましたが、これまで、ベルリンでは自転車に乗ったことが一度もなかった私にとって、大冒険以外の何物でもありません。道路の走り方、列車に乗せる時のマナー、切符の買い方などあれこれ考えて、前の晩はなかなか眠れなかったほどです。

しかも、いざ出発してみると、道はアップダウンが激しく、なかなか目的地までたどり着けません。途中途中、休憩を挟みながら向かいました。

けれど、その途中の道のりが素晴らしいのです。湖では素っ裸でおばさんが泳ぎ（この裸族文化はドイツでは決して珍しくありません！）、畔《ほとり》では白鳥の一家が日光浴をしていました。原っぱでお花をつんだり、丘では大声で叫んだり。人懐っこい馬にも遭遇しました。

結果、二時間近くかけて目的地へ着いたのですが、同じ道を車で一瞬にして通り過ぎたのでは決して味わえない、濃密な時間を過ごすことができました。もちろん、サイクリングの後に飲んだ白ワインは格別な味でした。

帰り道、再びせっせと自転車のペダルをこぎながら、私は言い知れない幸福感に包まれていました。喜びや楽しみは誰かから与えられるものではなく、自らの体で見つけていくものだと気づいたのです。そして、自分さえその気になれば、しあわせはそこら中に隠れているのだということにハッとしました。

今回、本の解説を依頼されたのですが、実は、解説ってちょっと、いや、正直言うとかなり苦手なので基本的にはお断りしているのです。けれど、松浦弥太郎さんのご本とお聞きし、反射的に手を挙げていました。そして解説文を、松浦さんへのお手紙という形にかえさせていただきました。私も、手紙を書くのが好きです。

松浦さん、庭って、本当にいいですよね。私もいつか、自分の庭をつくって、そこをみんなにとっての憩いの場にできたらいいな、と夢見ています。

一人ひとりが種を育み、庭を育てたら、地球はきっと、より居心地よく、美しい星になることでしょう。本を読み終えた今、そのことを願わずにはいられません。

追伸

こまめに手を洗う習慣、私もさっそく今日から実践してみようと思います。

松浦弥太郎（まつうら・やたろう）

1965年、東京都生まれ。㈱おいしい健康・共同CEO、「くらしのきほん」主宰。文筆家。「COW BOOKS」代表。雑誌『暮しの手帖』前編集長。18歳で渡米し、アメリカの書店文化に関心をもち、帰国後に書店を開業。著書に『くちぶえサンドイッチ　松浦弥太郎随筆集』（集英社文庫）、『日々の100』『続・日々の100』（以上、青山出版社）、『おとなのきほん』（PHPエディターズ・グループ）、『今日もていねいに。』『あたらしいあたりまえ。』『あなたにありがとう。』『さよならは小さい声で』（以上、PHP文庫）、『暮しの手帖日記』（暮しの手帖社）、『センス入門』（筑摩書房）などがある。

編集協力……………青木由美子
イラスト……………阿部真由美
ブックデザイン……櫻井　久（櫻井事務所）

この作品は、2013年9月に
ＰＨＰエディターズ・グループより
発行された。

PHP文庫

しあわせを生む小さな種

今日のベリーグッド

2017年11月15日　第1版第1刷

著　者　松浦弥太郎
発行者　後藤淳一
発行所　株式会社ＰＨＰ研究所
東京本部　〒135-8137　江東区豊洲5-6-52
第二制作部文庫課　☎03-3520-9617（編集）
普及部　☎03-3520-9630（販売）
京都本部　〒601-8411　京都市南区西九条北ノ内町11
PHP INTERFACE　https://www.php.co.jp/

印刷所
製本所　図書印刷株式会社

ISBN978-4-569-76783-3